目录

第 3 章　了解女孩的情绪心理

第 4 章　读懂女孩的性格心理

第 5 章　分析女孩的学习心理

用思维导图读懂
女孩心理学

一本助家长读懂女孩行为的心理学指南

张国奎◎著

图书在版编目（CIP）数据

用思维导图读懂女孩心理学 / 张国奎著. -- 西安 : 世界图书出版西安有限公司，2024. 10.
ISBN 978-7-5232-1720-7

Ⅰ. G78
中国国家版本馆CIP数据核字第2024EX2155号

用思维导图读懂女孩心理学

著　　者：张国奎　　封面设计：智灵童
策划编辑：赵亚强　　责任编辑：徐　婷

出版发行：世界图书出版西安有限公司
地　　址：西安市雁塔区曲江新区汇新路 355 号
邮　　编：710061
电　　话：029-87214941　029-87233647（市场营销部）
　　　　　029-87234767（总编室）
网　　址：http://www.wpcxa.com
邮　　箱：xast@wpcxa.com
印　　刷：优奇仕印刷河北有限公司
开　　本：787mm × 1092mm　1/16
印　　张：8
字　　数：45 千字
版　　次：2024 年 10 第 1 版
印　　次：2024 年 10 月第 1 次印刷
国际书号：ISBN 978-7-5232-1720-7
定　　价：46.80 元

前言

相比较男孩，女孩的内心世界既复杂又神秘，她们的心理往往更加敏感和脆弱，情感需求也更加丰富。父母只有了解了女孩的心理，才能透过表象看到本质，真正洞察女孩的需求和期望，走进女孩的内心世界，帮助她们解决问题、获得成长。

哈佛大学心理学家苏珊·平克在研究中指出，女孩和男孩在情感表达、社会交往以及家庭期望等方面都存在差异。这种差异化导致我们在解析心理和找寻解决方法的时候，也需要区别对待。比如在情绪表达上，相较于男孩猛烈直接的情绪表达，女孩则会比较委婉，会压抑自己的情绪，不轻易表露。所以，面对女孩相对敏感和细腻的情感表达，父母采取的态度也需要相应更温和一些。

我们可以通过女孩的行为，来读懂她的心理。其实女孩的行为往往会透露她的内心世界。比如，总是爱哭、总是依恋父母、喜欢顶嘴、粗心大意等，父母可能觉得这些都是需要纠正的坏毛病，但用心理学来解读，往往是因为她在情感上没有得到满足：比如爱哭是想得到理解、缺乏安全感，缠着父母是因为习惯性依赖，顶嘴是想得到关注。父母如果强行压制或者纠正，反而会弄巧成拙。因此，只有解决了真正的心理需求，才能让这些行为得到矫正。

我们可以通过女孩的行为习惯来读懂她的心理。女孩和男孩一样，在成长的过程中也会养成一些不良习惯，比如，晚睡、沉迷电视、厌食等。因为习惯的养成往往不是一蹴而就的，如果父母放任不管或者强力纠正都不会起到很好的效果。当女孩晚睡时，父母认为她是贪玩，而女孩则可能躺在床上焦虑；当女孩沉迷电视时，父母认为她玩物丧志，而女孩觉得电视是代替父母的陪伴；当她厌食时，父母认为她胡闹，而女孩则是想表达自己的反抗。习惯是表达女孩心理的另一种语言，她在用自己反复的行动，寻求内心的安抚。

我们可以从女孩的情绪上，读懂她的心理。父母可以看到女孩的快乐、悲伤、气愤和害怕，但是很难从这些情绪背后看到她的真实想法。比如，女孩总是撒泼打滚，用声嘶力竭来表达自己的伤心和气愤。这不仅仅是因为她想要获得某样东西，她同样也想要获得父母的关心，想要学会掌控自己的情绪，而她因为受限于目前的认知水平，能做的只有“撒泼打滚”。

除此之外，还有性格、学习、社交等方面，都值得我们去分析、去挖掘背后隐藏的女孩心理。当父母看见了女孩的需求，也就能明白和谐的亲子关系大多都来自理解，而不是说服。一次次“温柔而坚定”的引导，不仅能促进亲子之间的沟通，也能让父母跟孩子共同成长。

本书摒弃了枯燥的叙事方式，把冗长的信息总结成层次分明、逻辑清晰的思维导图，从多个角度深入分析女孩心理，让父母能够充分了解女孩各种行为表象的真实原因。本书也展示了各种女孩可能遇见的问题和行为，结合生动的图例，帮助父母更好地理解女孩，找到切实可行的解决办法。

满足女孩的心理需求，给她安全感、成就感、价值感，与她建立深厚的情感联结。愿每个女孩都能获得自由成长的力量。

第 6 章 认识女孩的社交心理

有效的心理指导，献给聪明的父母

第 1 章 解密女孩的行为心理

1. 为什么总爱哭

哭是孩子表达情绪的一种方式，它能让孩子充分释放自己的情感。这种情感表达在女孩中较为常见，特别是年龄小的女孩。由于她们语言表达能力有限，没有办法准确地说出心里的感受，所以经常会用哭来表达自己的情感。

许多事情对于父母来说可能只是微不足道的小事。比如，棒棒糖掉在地上，但对女孩来说很重要，甚至会哭闹不止。

我们常常认为女孩爱哭，是“娇气”“敏感”，其实哭泣只是女孩表达情绪的方式。儿童教育专家金伯莉·布雷恩曾说：“孩子执着地想要实现所有需求，表现出来就是哭闹、发脾气，这是他们与生俱来的自然本能。”

哭泣是孩子与生俱来的本能，我们只要试着读懂女孩哭泣背后透露出的情绪语言，就能找到其背后隐藏的心理原因。

孩子哭闹不止时，我们常常会感到烦躁，尤其是安抚孩子无效时，内心就会升腾起一股无名火。为什么我们受不了孩子哭？有时是因为我们自己累了，想好好休息。有时是因为我们自己的情绪需求没有被满足，容易迁怒于孩子。也有可能是因为我们儿时也有相同的经历，手足无措，不会处理。

思维导图解读女孩心理

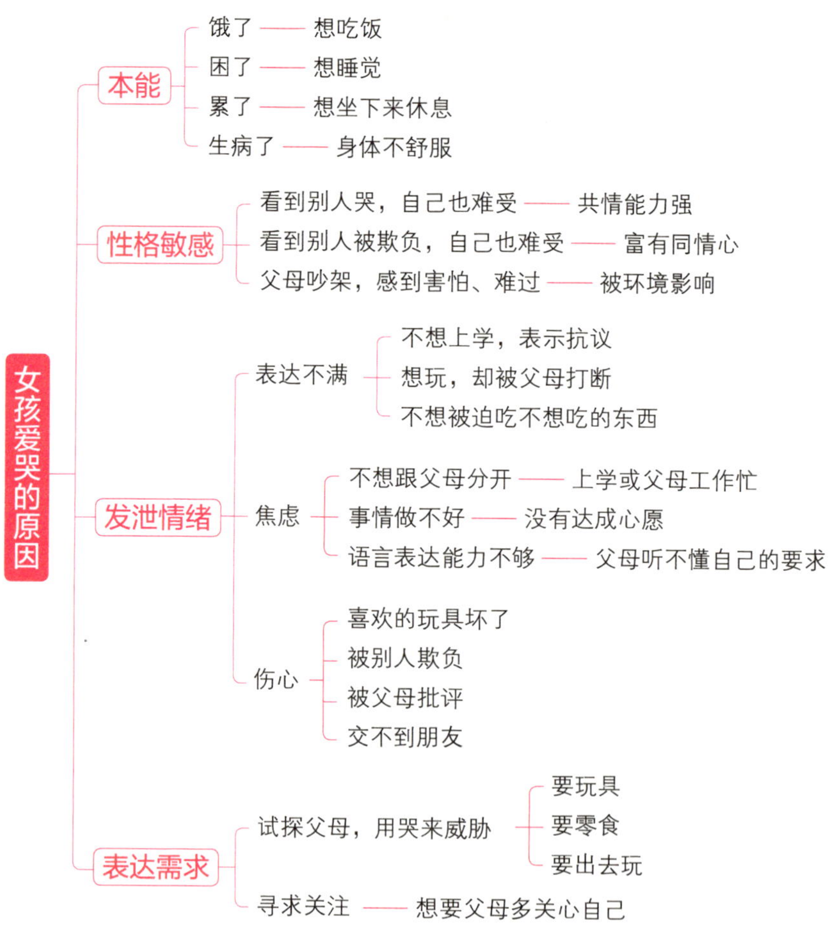

只有当我们愿意了解自己，愿意正视自己的情绪时，才有可能做到正视孩子的情绪。有心理学家提出："在面对孩子哭泣的时候，家长们最先要处理的是自己的情绪。"

当父母调整好了自己的情绪，才能接纳女孩的情绪；尝试理解女孩的难过，并产生共鸣，才能帮助女孩疏解情绪。

妈妈刚给雯雯买的棉花糖，还没吃两口就掉地上了。看着掉眼泪的雯雯，妈妈蹲下来摸摸她的头，帮她擦了擦眼泪，温柔地说："雯雯最喜欢的棉花糖掉了，肯定很伤心啊。"然后，抱了抱她接着说："棉花糖脏了，没法吃了，我们一起再去买一个吧！"雯雯点点头，妈妈牵着她又去买了一个，递给她，叮嘱道："这次你可要保护好它哦。"雯雯笑着说："好的，妈妈。"

这位妈妈不仅包容了女孩的情绪，并很好地引导孩子，让她知道这种情绪叫"伤心"。还提供了解决方案，帮助女孩成功化解了负面情绪。

女孩相较于男孩来说，情绪更敏感，也更感性。因为情感比较细腻，所以很容易受到环境和他人的影响。有时会为别人的事情难过哭泣，有时也会莫名地为自己难过。

父母在对待爱哭的女孩时，安慰要大于说教。可以用柔和的方式引导女孩表达情绪。

专家教你这样做

让女孩哭一会儿

哈佛心理学家曾说过："释放情绪的哭闹，父母可以暂缓处理，不必急着刻意去哄，因为让她立刻止住哭泣，会产生情绪堆积。"不必急着制止，当孩子哭的时候，父母可以抱抱她，或者拍拍她的背，让她知道自己是被关心的。

引导女孩正确表达需求

当女孩哭泣的时候，一般是听不进去任何话的，可以等孩子冷静下来，再进行正确引导。比如，女孩因为摔倒了而大哭，可以说："妈妈知道你摔疼了，想哭就哭吧！妈妈在你身边陪着你。"

多沟通，少妥协

女孩利用哭泣来要挟父母，就是在试探父母的容忍界限，父母要明确态度，坚持底线。比如，女孩想要一个新的毛绒玩具，不买就站在原地哭，父母可以说："我们已经说好今天是出来散步的，不是来买玩具的，我们可以回家再商量什么时候买新娃娃。”最好是提前和孩子约法三章，并坚定地执行。

2. 为什么爱乱扔东西

孩子半岁之后，开始出现令父母头痛的行为，那就是乐此不疲地乱扔东西。吃饭的碗和勺子、手里的玩具、桌子上的笔和书，随时抓起来便扔。父母给捡回来，他又会再次扔出去，并以此为乐。

有父母可能会认为，扔东西是男孩的常见行为，女孩乖巧可爱是不会做出这种事的。事实上，这些行为是孩子动手能力逐渐增强的表现，也是他们认识事物、掌握技能的一种方式。在男孩或女孩身上都会发生，只是程度不同而已，以女孩为例，如果想要纠正女孩扔东西的习惯，就要先了解这背后的原因。

思维导图解读女孩心理

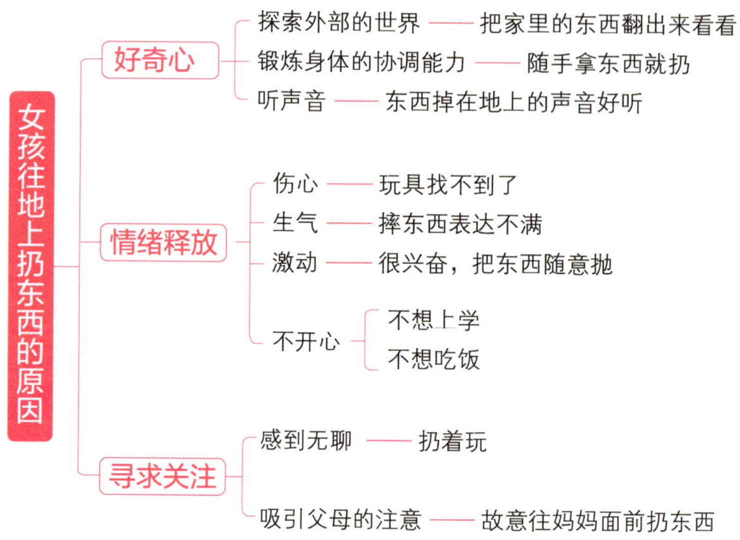

《卡尔·威特的教育》一书中写道："孩子和成年人不同，他不可能像大人一样可以坐在那儿静静地思考问题，孩子必须在玩的过程中通过触摸事物，甚至是扔东西，用实际的摆弄和操作来认识世界。"

女孩把东西随意扔在地上，只是她认识世界的一种方式。特别是当女孩处于学龄前阶段时，还没有足够的认知能力，天生的好奇心会驱使她们用自己的肢体探索世界。对于女孩来说，扔东西很有意思，当东西掉在地上的时候，东西会反弹、翻滚或者损坏，她会在这个过程中形成对世界以及新事物的认知。

扔东西的现象存在于女孩的好动期，一般高发于 6 岁以前。女孩通过反复扔东西的动作，能让肢体的协调性得到发展，肌肉得到锻炼。这些动作的训练既能促进女孩身体各个部位的发育，还能训练大脑。

把东西扔在地上能刺激她的听觉系统的发育，东西掉在地上的声音，会吸引女孩的注意，锻炼其听力。比如，玻璃珠掉在地上清脆的声音与弹力球掉在地上的声音就不同，水洒在地上和冰块掉在地上的声音也不同。女孩同时也会用听觉系统去分辨不同的声音，让大脑形成不同的认知。

当女孩喜欢把东西扔在地上的时候，父母不要急于制止，可以用合适的方法加以引导，让女孩在当中既感受到快乐，又锻炼了身体与大脑。

专家教你这样做

把扔东西变成好玩的游戏

父母可以把“扔东西”变成一个好玩的游戏。比如，父母可以准备一个小桶，和一些弹力球，与孩子一起玩投球游戏。刚开始的时候距离可以近一点，然后再慢慢地把桶往后移，增加游戏的难度和趣味性，还可以比谁扔得多、扔得准。用游戏满足女孩扔东西的天性，还能锻炼女孩的运动知觉，促进父母与孩子之间的情感交流。

开辟专门扔东西的区域

父母可以给孩子准备一个专门的扔东西的区域或者房间，比如游戏房。但也不能纵容女孩什么东西都扔，可以给女孩定一个规矩，什么东西能扔，什么东西不能扔，让女孩意识到自己的行为会对周围产生什么样的影响。比如，父母可以告诉女孩不能扔硬的东西，不能扔到人或者宠物身上等。可以提供一些比较软的球，既满足女孩的好奇心，又不会对孩子与周围物体造成伤害与损坏。

适当采取预防措施

父母可以通过一些预防措施，来增加女孩扔东西的难度。比如，给她经常喜欢扔的东西系上一根绳，让她不能扔得很远；吃饭的时候，把餐具换成能吸在桌上的碗，让女孩觉得扔东西成了一件困难的事，就会逐渐减少扔东西的频率。

带女孩一起整理

当女孩把东西扔了一地时，父母不用急着自己整理，可以带领孩子一起动手把东西整理起来。在收拾的过程中，还可以教女孩学会归纳分类的知识。比如，让女孩把毛绒玩具放进收纳箱，把画笔放进文具盒，把绘本放进书架等。

3. 为什么总不让妈妈去上班

很多妈妈会发现，工作后，孩子就会变得非常黏人，尤其是女孩，每次出门上班的时候都要上演一场“生离死别”。无论妈妈说什么，女孩就是缠着妈妈不放手，用尽浑身解数撒泼哭闹，让“妈妈别走”。

面对女孩的难舍难分，妈妈自己心里也会难受，可能就会选择哄骗孩子或者偷偷溜走。但这样等妈妈回来的时候，女孩反而会变本加厉地黏着妈妈，因为她会觉得妈妈可能又会突然不见了。

研究显示，1~2 岁是孩子出现黏人行为的最明显阶段，他们把妈妈或看护人看作一个安全基地，当有安全需求时，就会返回看护人身边。每个孩子都会有这个阶段，而女孩离不开妈妈的持续时间可能会更长一些。妈妈如果想要改善这种情况，就要从女孩这种行为背后的心理动机入手。

思维导图解读女孩心理

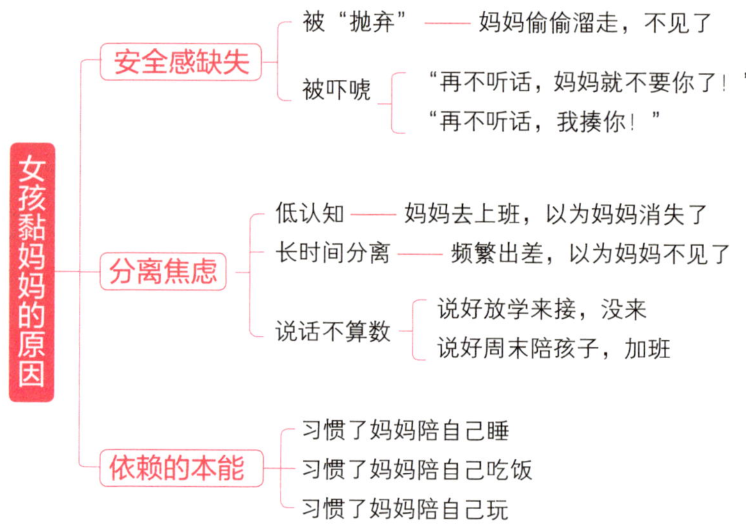

心理学上有一个概念，叫“未完成事件”。由于事件一直悬而未决，使得注意力无法完全放松地投入当下和未来的事务中，甚至为此感到焦虑和痛苦。如果妈妈不告而别，而且不把事情明确告诉女孩，那么女孩就会一直处在之前未完成的状态中，等待妈妈再次出现。

相反，如果妈妈在离开时，明确地告诉女孩，自己要出门，什么时候能回来。即从这一刻起，女孩得到了妈妈明确的答复，这件事情就属于完成了。尽管女孩当时会非常不舍，甚至会哭泣，但事情的结果她已经知道，所以，情绪宣泄完，就会接受它。比如，去做别的事，而不再纠结妈妈去哪儿了，妈妈怎么还不回来，妈妈是不是不要我了……

分离焦虑，具体指的是孩子与亲密的抚养者突然分离时，产生的不安、焦虑、不愉快的情绪反应，又叫离别焦虑。婴儿的分离焦虑一般可以分为三个阶段：反抗阶段、失望阶段、超脱阶段。女孩在成长的过程中，如果大部分时间都是跟妈妈待在一起，就会对妈妈产生很深的依恋，每当要分离时，就会变得情绪不稳定。

当女孩出现分离焦虑时，妈妈的接纳和安抚，可以有效缓解女孩的紧张、恐惧情绪。

妈妈准备出门上班，女儿豆豆闹着不想让妈妈去上班。妈妈温柔地抱着豆豆说："豆豆心里的妈妈是不是不够了？"然后妈妈哼起了歌。过了一会儿，妈妈问道："现在豆豆心里的妈妈有多少了？"豆豆把手放在胸前的高度，妈妈又抱着豆豆说："原来还不够呀，那妈妈再抱抱你。"

最后，妈妈摸了摸豆豆的头说："现在应该够了？等妈妈下班回来，再继续陪你玩好不好？"这下豆豆才平静了下来，安静地跟妈妈说了再见。

当女孩感受到自己在妈妈心中的地位，安全感也得到满足时，焦虑情绪就能得到有效缓解。这在贝姬·肯尼迪的《看见孩子》中有解释："这是因为它把孩子真正需要的东西——更多的妈妈，具象化了。"

专家教你这样做

给女孩做好心理建设

妈妈可以提前跟女孩说明自己要出门上班的事实，清楚地跟女孩说自己为什么要上班。可以用上幼儿园作类比，让女孩明白上班跟上幼儿园一样是必须要做的事情。妈妈也会在上班的时候完成各种任务，认识各种朋友。

还可以跟女孩一起画个时钟，告诉她 10 点的时候，女孩在学校做什么，妈妈上班时做什么；12 点时，女孩午饭吃什么，妈妈午饭吃什么等。让女孩知道妈妈上班时的一天都在做什么，让分别的时间变得具体化，让她心里有踏实的感觉。

好好告别

在跟女孩分别的时候，要注重仪式感。可以在分开的时候，拍拍她的肩膀、抱抱她，并挥手告别，这些小动作可以给女孩充分的鼓励与慰藉。妈妈可以在固定的时间离开，告别的时间不要太长，保持情绪稳定，给女孩一个心理上的缓冲期。

分享外出的经历

当妈妈回家的时候，可以把自己在外一天的见闻用故事的形式与女孩一起分享。妈妈在第一时间分享外出的经历，也是在与孩子一起感受重逢的喜悦，用这种开心的情绪来感染孩子。让女孩从对离开的不舍，转变成对下次快乐分享的期待。

4. 为什么会粗心

孩子们总是马马虎虎、丢三落四。今天橡皮不见了，明天卷笔刀丢了，甚至连课本都会找不到。写作业也毛毛糙糙，不是漏答题，就是看错题目……这该怎么办呢？

女孩比较细心，是不是这个问题会好一点呢？儿童心理学家认为，六七岁的孩子丢东西很正常。在这个年龄段，不论是男孩与女孩都一样，他们常常只关注自己想关注的，往往不太关心与自己无关的事。就好像出去玩的时候，“把纸巾装进包里”永远都不会是他们第一时间能想到的事情。丢三落四只是表象，要纠正它，父母要了解其背后的心理原因。

思维导图解读女孩心理

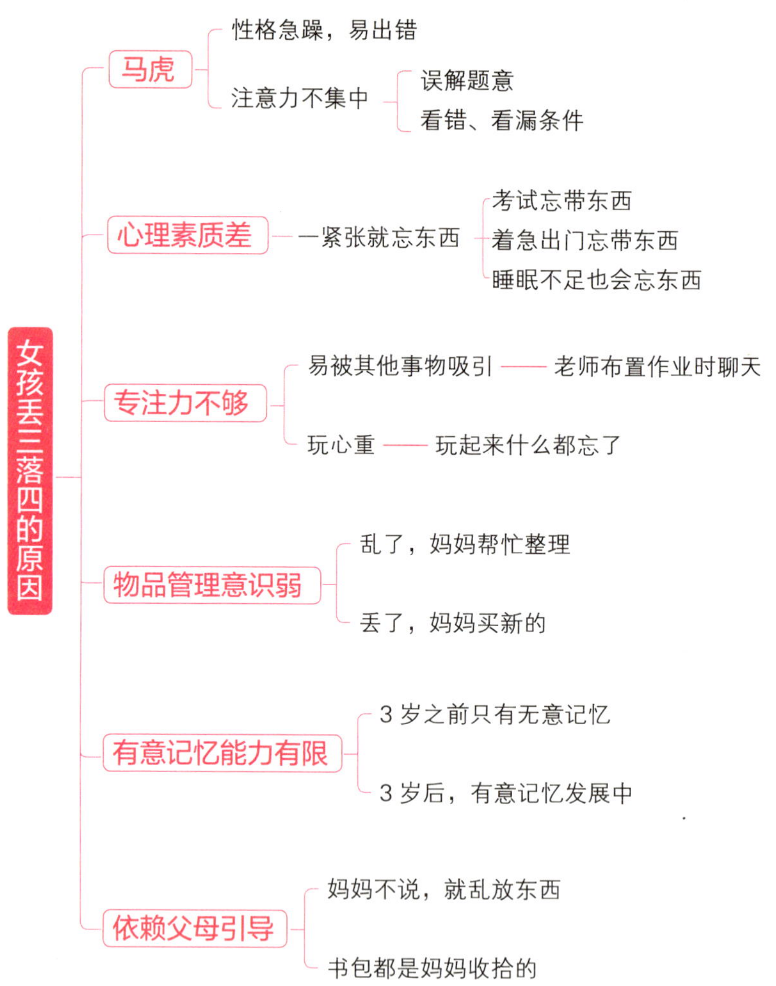

女孩在低年级的时候，自我管理的能力还不足，很难做到有序

地整理自己的东西。而且容易丢三落四，这些现象很有可能是平时父母帮的太多了。比如，习惯性跟在孩子身后收拾东西，主动帮孩子准备第二天要用的学习用具，甚至也不在乎女孩丢不丢东西，只要丢了，就再买，这就逐渐让女孩养成依赖的习惯。

在心理学上有一个“100%理论”：如果所有事都让父母做了，那孩子自然什么都不会做；如果父母放手让孩子去做，孩子一定会承担起自己的责任。也就是说，女孩的自主能力，取决于父母的行为与态度。如果想让孩子不再丢三落四，可以适当放手让女孩去管理自己的东西。

另外，心理学上还有一个概念叫“视知觉”，指的是人类感知和认知视觉信息的过程，包括感知、加工、分析和理解视觉信息的能力。视知觉是孩子获取知识的一个重要途径，且每个孩子的视知觉能力都是不一样的。如果女孩的视知觉能力不够，做事就容易粗心大意，这会影响到她在学习和生活中的表现。

视知觉能力比较差的女孩在学习上出现困难尤为明显。比如，写字时经常丢笔画，做计算题的时候总是进错位，上课时总是注意力不集中，总是需要更多的时间和精力来完成学习任务。

专家教你这样做

准备物品清单

刚开始的时候，父母可以陪着女孩一起准备物品，随后可以帮女孩准备一个物品清单，让女孩按照清单上的物品准备。比如，一家人要出去旅游，父母可以跟女孩一起商量外出要带的东西，并跟女孩一起准备。再比如，为了防止早上上学忘带东西，可以和女孩一起把要带的东西写在纸上，贴在门口醒目的位置，提醒女孩出门前做检查。

利用图像记忆

女孩对文字的记忆能力一般不敏感，但是对图像的记忆能力却比较强，所以父母可以在女孩 3~6 岁的时候，有意培养她的图像记忆能力，帮助她用这种方法记住要做的事、要带的东西。比如，把女孩平时要放书包里的东西画出来，然后贴在显眼的位置，方便她记忆。

承担“丢三落四”的后果

当女孩丢了东西的时候，不要急着再买新的，这样只会让她认为丢了东西理所当然，不会承担后果。这时也不要劈头盖脸地去指责女孩，可以告诉她，这样的结果都是“丢三落四”的坏习惯造成的。如果在学校没带书，老师会批评；如果东西丢了，就得花时间和精力去找。让女孩意识到丢三落四会带来时间与精力上的损失，只有这样她才会主动改掉这个坏习惯。

适当提醒

如果女孩总是粗心，父母也可以适当提示一下。比如，在女孩每次出门的时候，只叮嘱一句：“好好检查一下东西，不要忘带了。”不用事无巨细地帮她收拾好所有的东西，但可以适当提醒一下缺了什么。

5. 为什么爱顶嘴

当女孩长到3岁时，父母会发现女孩从原来乖乖听话的“小棉袄”，变得不那么贴心了，总喜欢顶嘴。父母说东她偏说西，父母说对她偏要说错。有些父母会采取严厉的方式来惩罚女孩，希望女孩能够顺从自己的意愿。

美国心理学家艾琳·韦尔奇认为，孩子顶嘴可能是一种积极的行为，表明他们具备了独立思维和勇于表达自己的能力。女孩顶嘴其实不是叛逆的信号，而是她们想被看见，想自己的需求被满足。

父母如果想要了解女孩顶嘴的动机，该怎么解决这个问题，就要好好分析这背后的心理因素。

思维导图解读女孩心理

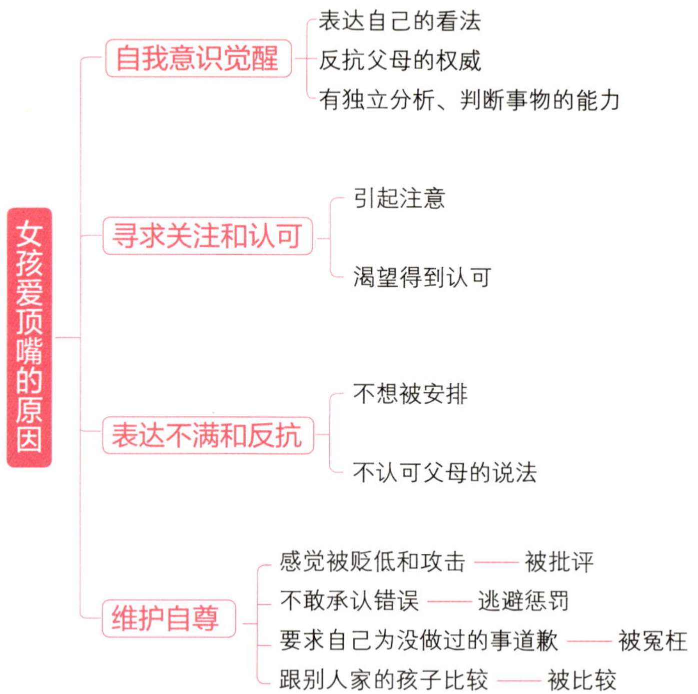

著名教育家杰弗里·伯恩斯坦在《叛逆不是孩子的错》一书中写道：“家长保持一种态度，孩子保持与之相反的态度。双方各有立场，那么一场争执就开始了，这就是家长与孩子间的权利争夺战。”

在普通的家庭当中，父母通常都是权威的代表，他们会制定各种规则来约束孩子的行为。但孩子在成长的过程中，会逐渐意识到自己也是一个独立的个体，会慢慢对这些规则产生疑问，从而尝试通过顶嘴的行为来反抗和质疑父母的权威。这实际上就是孩子在探索自己独立性的一个过程，她们只是希望能在这样的互动中，获得更多的掌控权。

从女孩的角度看，女孩自我意识的觉醒，通常存在三个叛逆期。第一个叛逆期是2~3岁，把“不”当成口头禅，因为刚开始产生自我意识；第二个叛逆期是7~9岁，为了证明自己的能力，可能会跟父母对着来；第三个叛逆期是12~15岁，青春期有自己的思考和判断，有时候会不认同父母的做法。

女孩顶嘴，是她找寻自我的过程，有时并不是真“叛逆”。她们想通过顶嘴来捍卫自己的立场，表达自己的观点，重新认识自己。而且心理学家通过实验表明，经常顶嘴的孩子，80%以上更有主见，也更能独立分析事物。

专家教你这样做

允许解释

当女孩顶嘴的时候，父母的第一反应可能是气愤，但这时父母要冷静下来，要倾听孩子的心声，给孩子一个解释的机会。父母可以心平气和地先跟女孩进行沟通，了解她心里是怎么想的，让她说说自己真实的想法，找到孩子真正顶嘴的原因。比如，父母回到家看到女孩在看电视，随口就批评，女孩很生气直接顶嘴。这时，父母不要着急，先听听孩子怎么说，有可能是误会了孩子。

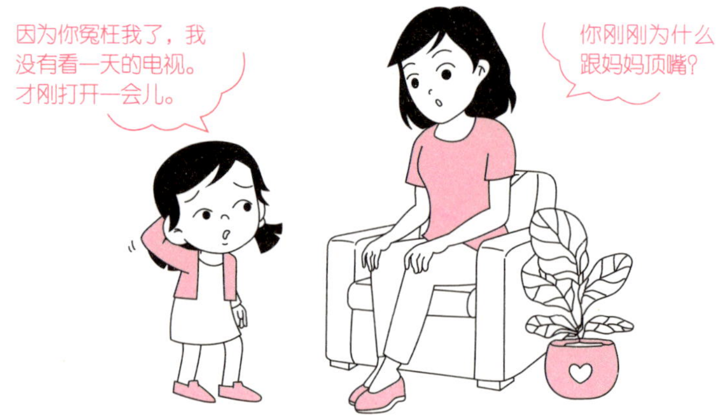

把命令变成选择

女孩自我意识逐渐觉醒，只想追求自己的想法，父母越是命令，她就越反感。这时父母不妨换一种方式，把命令改成给女孩提供选择，让孩子在选择中学会自我约束。比如把“关掉电视，快去写作业！”换成“今天你先写语文作业，还是先写数学作业？”提供不同选择会让女孩感受到被尊重，从而愿意做出让步。

适当示弱

如果父母在跟女孩交流的时候，总是强调自己的权威，就很容易引起孩子的反感。此时父母可以适当示弱，稍微放下自己的身段，跟孩子进行平等交流。比如请女孩帮忙，或者让她提一提意见，间接培养她的责任感。当女孩觉得自己能帮助父母时，她就会变得更加自信，同时避免冲突，增进父母与孩子之间的感情。

第 2 章

看见女孩习惯背后的心理

1. 为什么总是晚睡

该睡觉了，但孩子就是磨磨蹭蹭，一会儿想听故事，一会儿又想喝水，过一会儿又要上厕所，要求一大堆，直到把妈妈折腾得精疲力尽，几近崩溃。

科学家证实部分人的体内的确存在“晚睡”基因。相比于正常人，他们往往存在基因突变的现象，这会让他们每天多花几个小时来入睡。所以，某些孩子可能存在先天的晚睡基因，但这需要父母仔细观察。其实大部分孩子都只是单纯贪玩不想睡而已，如果是因为这些原因，父母要适当干预；否则第二天孩子起床也没有精神，长此以往会给女孩的生理和心理带来影响和伤害。

以女孩为例，父母如果想纠正女孩晚睡的习惯，就要深入了解女孩喜欢晚睡的心理和生理原因。

思维导图解读女孩心理

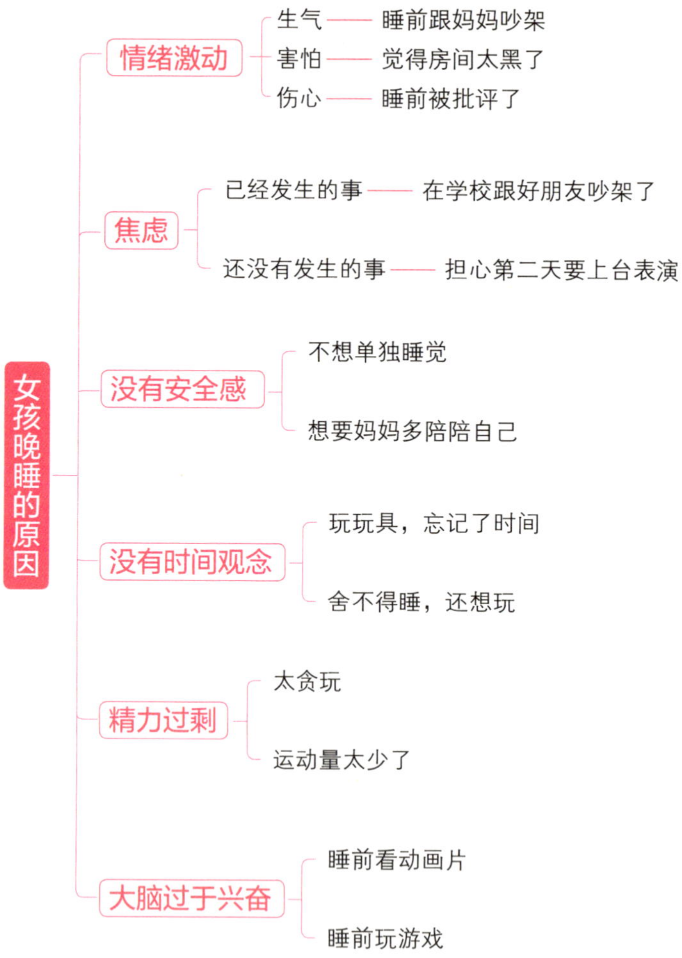

在《韦氏婴幼儿睡眠圣经1.5~5岁》一书中有提到："这个年龄段的孩子其实非常擅长拖延。"在2~6岁阶段的小孩，看起来好像每天无忧无虑，但实际上她们也需要面对生活中的各种"难题"与"任务"，各种生活中的改变和小事都可能会引发她的焦虑情绪。比如她们要在白天跟熟悉的爸爸妈妈分开，去幼儿园跟不熟悉的人相处；她们还要面对自己的不开心，处理跟小朋友之间的关系等。

另外，父母的情绪，也会给她们带来压力。当父母因为生气而选择惩罚她们时，她们可能会担心父母不像以前一样爱自己。这些因为父母的情绪原因而产生的焦虑，在白天时，可能会因为各种活动而转移了注意力，但并不代表这些焦虑消失了。

到了晚上独自睡觉时，白天的焦虑又会出现，这时候孩子会变得没有安全感。如果她在某个夜晚惊醒，发现周围漆黑一片，父母也不在身边，心里可能会想："爸爸妈妈是不是不见了？""黑漆漆的地方是不是有什么东西？"……她们对夜晚中不可预知的东西感到害怕，这种体验让她觉得睡觉是一件很糟糕的事情，因而迟迟无法入睡。

女孩也会因为一些外部刺激而无法入睡，比如，听恐怖故事、看好看的动画片等。其实人的身体有很强大的睡眠调节机制。因为我们的身体里有两个重要的激素，一个是让保持清醒的皮质醇，另一个是让维持睡眠的褪黑素。当孩子在睡前受到过度的刺激时，皮质醇就会分泌产生兴奋感，这种兴奋感会让女孩进入睡眠变得困难。而且女孩在发育的过程中，心理上的认知也在发展，会对身边的事物充满好奇。当她探索的热情很高时，并且没有得到满足时，就会无法入睡。

专家教你这样做

固定睡前习惯

孩子和成人不同，成人困了便倒头就睡，但孩子不一样。她们往往需要遵循一个固定的流程与模式，才能进入“睡眠状态”。所以父母要帮助女孩养成固定的睡眠习惯，比如睡觉前洗澡、刷牙、洗脸，然后听个小故事，最后关灯，她就知道要睡觉了。

适当减少白天睡眠时间

偶尔晚睡还好，但如果经常这样，可以用适当减少白天睡眠时间的方法来控制。虽然午睡是必要的，但是如果白天的睡眠时间过长，晚睡就是自然而然的了。

这时父母可以让午睡的时间变短一些，最好能够让女孩足够困了，再上床睡觉。父母还可以尝试把女孩白天睡觉时间往前移，早

上起得早一点，把午睡的时间提前，晚上睡觉的时间自然也就提前。或者增加白天的运动量，消耗女孩过剩的精力。

创造舒缓的睡前活动

有的女孩胆子小，容易怕黑，一到晚上就不敢入睡。这时候父母可以创造一些比较舒缓的睡前活动，比如跟女孩一起玩一玩“影子游戏”。就是把灯关掉，父母陪在女孩的身边，用手电或者手机的灯光把影子照出来，然后跟女孩讲影子是怎么来的，为什么天黑就没有光了等，让女孩知道黑暗并不可怕，这样的互动能让女孩更容易入睡。

2. 为什么总是看电视才吃饭

一些孩子习惯一边看电视，一边吃饭。如果关上电视，就又哭又闹，不肯好好吃饭。无奈之下，父母只好妥协。

看电视吃饭，看似能让孩子安静下来，踏实吃饭，但殊不知这样的方法很容易影响到孩子的身体健康。美国一所大学的儿童和家庭健康促进研究中心的学者发现，如果父母允许孩子在就餐时使用电子设备，或者看电视，孩子很容易营养不良。

还有研究表明，女孩会比男孩更喜欢在吃饭时用电子产品，使用频率还会随着年龄的增长而上升。父母想要改掉女孩这个习惯，就要先了解她这么做的心理原因。

思维导图解读女孩心理

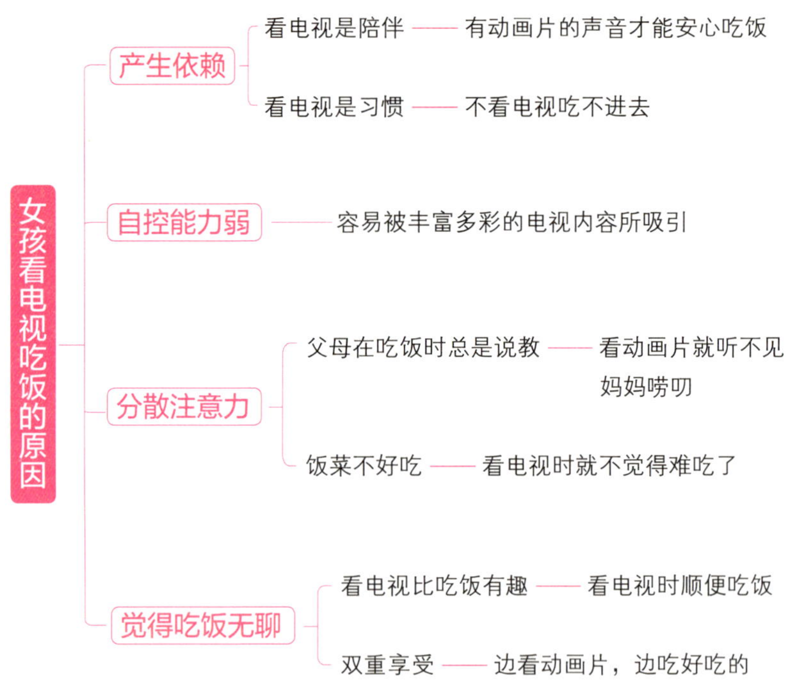

女孩很容易模仿依赖的对象，当父母在家中总是花费大量的时

间看电视、玩手机，孩子沉迷电视、手机的概率也会升高。教育家苏霍姆林斯基曾说过："你看到孩子的模样，就是看到你自己。"父母如果也有同样的习惯，教导孩子时也会缺乏立场，因为她们只是在模仿大人而已。

女孩之所以这么容易被电视吸引，是因为看电视大部分花费的是被动注意力。它是一种被动消极的注意，这种注意力是一种不需要付出努力，也没有明确目的的注意。电视上色彩缤纷的动画会吸引女孩的"被动注意"，这样就会导致女孩吃饭时要花费的主动注意力被削弱。

女孩喜欢在吃饭的时候看电视，时间久了，就会对电视产生依赖。这时候如果父母突然阻止女孩看电视，她就会感觉丧失安全感，就会感到焦虑。

在吃饭的时候看电视，不仅会影响女孩食物消化，还容易将食欲和电视的视觉刺激关联起来，产生应激反应，以后不看电视就吃不下饭，长此以往，孩子的身心健康会受到影响。所以，及时把女孩的进餐习惯调整过来很重要。

专家教你这样做

允许饭后看会儿电视

在吃饭之前就要告诉女孩，吃饭要认真吃，不能一边看电视一边吃。可以允许孩子吃完饭，看一会儿电视，如果这时女孩哭闹，不要轻易妥协。当女孩发现哭闹无用时，会慢慢学着遵守规矩。

打造良好的就餐环境

用餐时间和用餐地点尽量固定，吃饭的时候把电视机等电子设备都关掉，父母要以身作则，全家人都坐在餐桌旁认真吃饭，营造用餐的氛围感，让女孩觉得吃饭是一件很重要的事情。吃饭也是一个沟通和放松的时间，可以稍微讨论一下每天的见闻，说些有趣的事情，让女孩觉得吃饭也不是无聊的事情。

逐渐减少看电视的时间

如果很难直接禁止女孩在吃饭的时候看电视，可以逐渐减少看电视的时间。比如，从一开始吃饭就看电视，到吃了一半再看电视，再到吃完饭看电视，循序渐进，逐渐摆脱女孩对电视的依赖。

建立餐前仪式

固定的仪式和程序能让女孩知道什么时候该做什么事，让她有确定感，形成固定模式。比如，在开饭前，父母可以很开心地对孩子说："我们要开始吃饭啦，赶快把自己的小凳子搬过来！"然后跟女孩一起把她的餐椅搬到桌子前，让她知道每次父母这样说、这样做就是要开始吃饭了。

3. 为什么不爱做家务

不少女孩养成了“衣来伸手饭来张口”的习惯，要穿的衣服等妈妈送到床头，吃饭就坐在餐桌前等着妈妈上菜盛饭。对擦桌子、洗碗、倒垃圾这样的事，从不积极。被妈妈分配一点家务，也不愿意配合。

女孩不愿意做家务，多半是因为平时没有养成做家务的习惯。忽然一天，父母想培养她做家务的技能，就强制性地要求她开始学习洗碗、扫地等。这时女孩的内心是抵触的，她会觉得自己只是在被指使干活，因此常常会拒绝配合。当然，女孩不愿意做家务的原因不止于此，我们来具体了解一下。

思维导图解读女孩心理

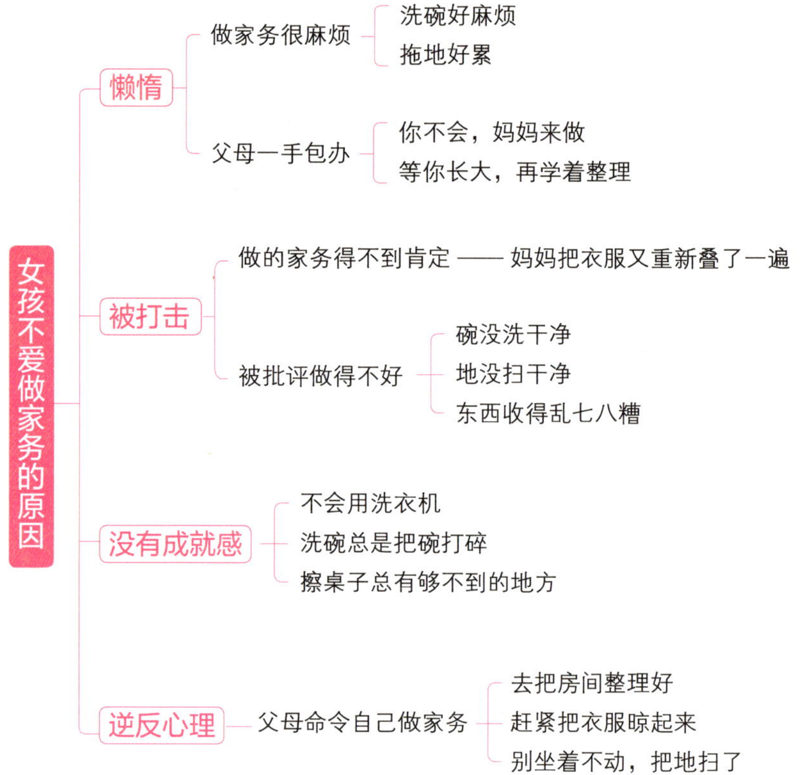

有心理学家认为，做家务可以增强孩子的同理心，同时也会让他们懂得怎么去关心他人。让女孩学会做家务，不仅可以培养她们的统筹能力、思考能力和学习能力，还能增强她们的自信心和成就感。

如果女孩不能从中得到成就感，就会讨厌做家务。父母在要求女孩做家务的时候，总是担心她会帮倒忙。这种无意识的担心可能就会从父母的语气和态度中透露出来，让女孩觉得自己做的家务根本不重要。比如女孩的动作稍微慢一点，父母就会觉得不耐烦，甚至直接嫌弃女孩的成果。

因为女孩的心思细腻，即使是很小的细节，她们也能清楚地感受到自己是不是被需要的，如果自己做的家务活不能被肯定，当被打击了几次之后，自然就不再愿意做家务了。当她们发现自己做不好的家务活，比如扫地、洗碗、倒垃圾等，父母却能轻而易举地完成，并做得很好时，就会认为自己很没用，反而为她找到了不帮忙做家务的理由。

有些父母不仅不给女孩动手的机会，还让女孩习惯了父母的大包大揽。这样，女孩的自理能力的发展就会受阻。她们会不自觉地依赖父母，再要重新开始动手就会变得困难。

而且女孩年龄尚小，做事的动力往往只凭着一时的兴趣。在女孩的眼中，父母分配的家务，更像一种新游戏，刚开始女孩还会很兴奋地帮忙整理玩具，或者是帮妈妈摆餐具。但只要女孩发现这些家务活是在做一些重复的事情，就会觉得很无聊，不愿意再做。

专家教你这样做

增加做家务的趣味性

无论做什么事情，能引起孩子的兴趣，才能让孩子愿意，并且主动去做。面对枯燥辛苦的家务，父母可以试着增加做家务时的趣味性。比如做家务的时候，可以全家一起参与，根据家务的内容，来开展一场家务比赛，谁做得最多最好，就能获得奖品。也可以进行家务交换，比如父母整理女孩的房间，女孩整理父母的房间，最后再互相评价等。

从精神方面鼓励女孩

虽然物质奖励在短时间内可以激励女孩做家务，但是如果功利性太强，可能最后就会变质，变成了女孩给父母“打工”。父母可以多在精神方面鼓励女孩，用一些语言来肯定和赞美女孩的劳动。比如夸她认真的态度，详细说说她洗碗的时候在哪方面做得好等等，让女孩对做家务一直保持热情。

记录女孩的劳动成果

把做家务从一种任务，变成一种体验。从女孩第一次做家务开始，父母就可以把这个过程记录下来。可以拍几张照片，或者录几段视频，保存下来。父母还可以专门准备一个本子，把每一次做家务的评价记录下来。当女孩回顾这些记录的时候，就会发现自己做了很多家务，这些实实在在的劳动成果会让她们产生自豪感和荣誉感。女孩为了内心的满足感，就会主动帮父母做一些力所能及的事情了。

甚至每隔一段时间，父母可以和女孩一起分享劳动过程中的感悟与喜悦。并对女孩的劳动表示感谢，鼓励女孩热爱生活。女孩感受到了这些正面而积极的影响，反过来也会更加体谅父母。

4. 为什么爱咬东西

在孩子 1 岁左右时，就会啃咬他能接触到的任何东西，比如，手、脚、玩具、衣服等。等到了六七岁，还有部分孩子仍然保留着这个习惯。因性别特征与心理因素，女孩较于男孩稍严重些。

精神分析学家弗洛伊德认为，1 岁左右的婴儿主要是通过口部来满足自己的各种欲望，这就是婴儿的口欲期。婴幼儿的口欲期可能会持续几周，也可能会持续几个月。如果女孩过了口欲期还是喜欢吃手或者咬指甲，父母就要进一步分析女孩咬指甲背后的心理原因了。

思维导图解读女孩心理

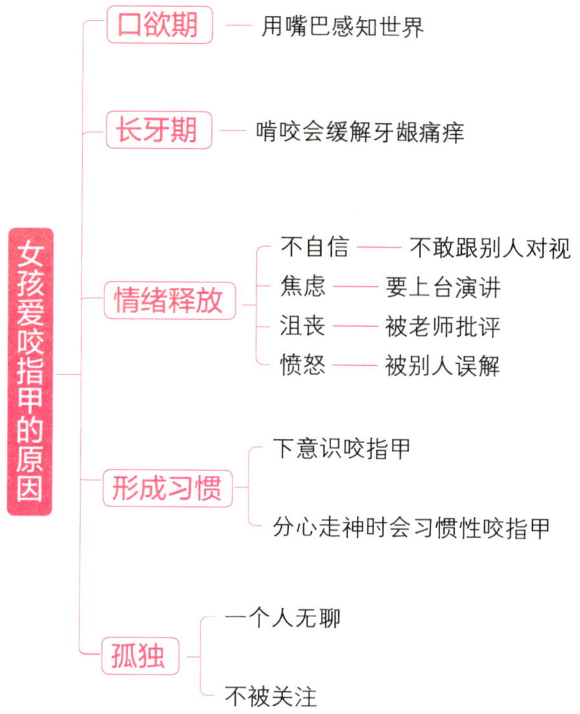

心理学研究显示，这类“啃咬”的行为带给女孩心理上的慰藉，属于“行为退化”，能抑制女孩焦虑情绪。比如，女孩上学跟父母分别时产生的焦虑；想跟同学玩，却又融入不进去团体的焦虑；学习跟不上时的焦虑等。这些事情父母往往容易忽视，却是女孩感到不安的源头。

这时如果父母没有及时发现到女孩的情绪，女孩找不到更好的发泄方式，她就会不由自主地通过咬指甲来排解。这种动作很像小时候吮吸拇指或者奶嘴，会让女孩感到放松。

女孩刚开始咬指甲的时候通常都是无意识的，但是时间长了，只要感到有一点不安，就会习惯性地咬指甲。又或者女孩只是感觉有点无聊，不自觉做出啃咬的小动作。

有些女孩咬指甲的习惯会随着年龄的增长而消失，而有些女孩却把这样的习惯一直延续了下来，这有可能是因为父母曾经的纠错方式出了问题。有的父母简单粗暴，每次都大声呵斥，强行打断女孩咬指甲的行为，但正是因为被强烈制止，女孩的情绪无法释放，反而让咬指甲的行为愈演愈烈。女孩因为被父母责骂，带着负面情绪，这个行为就会与情绪的释放连接在一起，时间一长就会被负面强化，甚至一直延续到女孩的青少年时期。

父母要主动去关注女孩背后的心理需求：是不是我们陪伴的时间太少了？是不是对她太严厉了？是不是她平时太焦虑了？父母的理解和陪伴会让女孩感到温暖安全，她的不安情绪才有可能得到安抚。

专家教你这样做

让女孩明白咬指甲的危害

如果父母看见女孩咬指甲只是粗暴制止，并不能让女孩明白这种行为是会给自己带来伤害的。父母可以在制止女孩的同时，告诉女孩："总是咬指甲会让手指受伤，也会把脏东西吃进肚子里，这样就会生病。生病了就不能出去玩，也不能吃好吃的，更不能做自己喜欢的事情。"这些具体的危害会让女孩明白咬指甲的坏处，从而慢慢改掉这种行为。

分散女孩的注意力

很多时候，咬指甲已经变成了女孩下意识的习惯，当父母提醒的时候，女孩可能才知道自己已经咬了很久的指甲了。父母此时可以出面进行干预：用别的东西分散女孩的注意力，提供可以替代的选项。比如女孩在看电视时，又下意识地咬指甲，父母就递给女孩一个玩具。

给经常啃的手指贴可爱图案

为了让孩子戒掉咬指甲的习惯，父母可以买一些漂亮的指甲贴，贴在她经常咬的指甲上。当她无意识要咬指甲时，就会舔到指甲贴，或是看到漂亮的图案，她可能就会忍住不咬了。

用温和的态度进行正强化

大部分女孩咬指甲都是因为心理紧张造成的，如果父母只是一味地惩罚和训诫，只会让女孩更加焦虑，这并不有利于女孩改正习惯，反而会进一步强化。父母最好能保持耐心，在纠正女孩的习惯时保持温和的态度，并给女孩提一些意见，当女孩在一段时间内获得成效时，父母可以及时给予鼓励和肯定，对纠正的行为进行正强化。

5. 为什么厌食不好好吃饭

一些女孩总是不好好吃饭，家人想尽了各种办法，变着法地做好吃的，可是女孩就是不买账。

有研究发现，在 3~11 岁的孩子中，有 38% 的孩子都是吃饭“困难户”。特别是在 2 岁左右，这是孩子最挑食的阶段，到了 7 岁以后就会慢慢好转，而女孩内心敏感、脆弱，容易受情绪的影响，相较于男孩来说会更容易因情绪波动而不好好吃饭，甚至有时会严重到厌食，这会让父母更加手足无措。

为什么有那么多孩子不好好吃饭？多数时候并不是生理原因，而是因为喜欢催逼孩子吃饭的父母实在不少。父母越催孩子，孩子反而越不想吃饭。想要让女孩好好吃饭，就要先找到她不爱吃饭的心理原因。

思维导图解读女孩心理

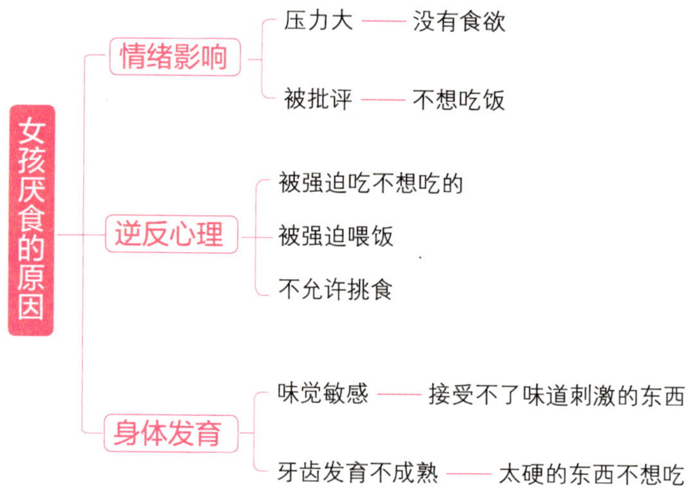

父母都希望女孩能尽量多吃一些有营养的食物，就免不了给各种食物打上标签。比如，蔬菜有营养要多吃，煎炸的东西要少吃。一看到女孩喜欢吃所谓没营养的食物时就阻止，太过刻意反而会让女孩反感，导致食欲大减，最后什么也不想吃了。

面对女孩吃饭的难题，有的父母会跟女孩谈条件，用奖励换取女孩认真吃饭。在女孩看来，就是“我吃饭能得到好处”。养成习惯后，如果没有奖励，女孩就会拒绝吃饭。

除此之外，“饭桌训话”也会抑制女孩食欲。一家人在饭桌上吃饭，本是比较温馨的场景，父母却专挑这个时候来教育女孩，抱怨女孩的过错。比如，一到吃饭时间便开始询问女孩的成绩、了解上课时的表现、跟同龄人进行比较等，让孩子情绪低落，不想吃饭。用餐过程总是处在这样的气氛中，吃饭就会变成一件痛苦的事情。

专家教你这样做

让吃饭变得有趣

父母可以与女孩一同做餐前准备，让她制定“每天食谱”。这会让女孩有参与感，让她更愿意将注意力放在吃饭这件事情上来。或者父母可以在菜品上花一些功夫，让食物看起来色彩丰富、美味诱人。还可以把食物做成小动物的形状，用一些女孩喜欢的餐具。

适当增加女孩的运动

当女孩缺乏运动的时候，也容易厌食。如果父母发现女孩运动量少，又不爱吃饭，可以适当增加女孩的运动量。比如，早上带女孩去跑跑步，晚上吃完饭出去散散步，平时也可以在放学的时候跟女孩打羽毛球之类的运动。通过运动来促进女孩的消化吸收，增加她的食欲。

第3章 了解女孩的情绪心理

1. 为什么不愿意去看牙医

孩子对看牙有着莫名的恐惧，不愿意配合治牙。即使父母和牙医反复保证一点儿也不疼，孩子们也很难接受。

心理学上存在一种恐惧症，被称为牙医恐惧症，又叫牙科焦虑症。指的是患者在接受牙医治疗的过程中，对治疗表现出恐惧和紧张的一种心理。这会让患者感觉痛苦，甚至会想办法逃避治疗。

而且，女孩对疼痛更敏感，也更容易发生对疼痛的应激反应。

比如，提到牙医就哭，到了牙医诊所就开始不配合，各种劝说都无济于事。

为了让女孩看牙医不那么抗拒，父母就要先了解她不愿意看牙医的心理原因，然后“对症下药”。

思维导图解读女孩心理

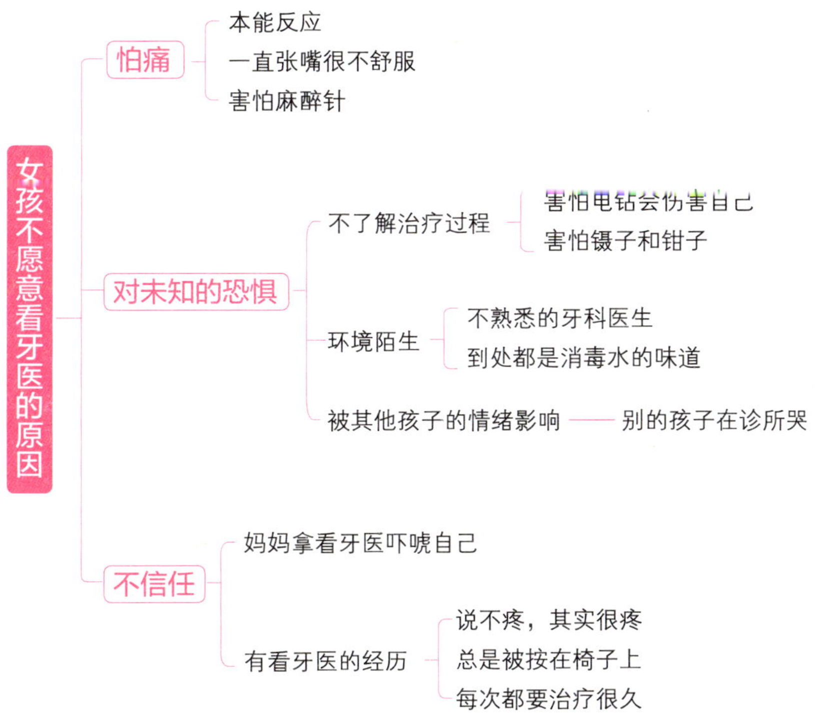

女孩害怕看牙医是真的觉得治牙会很痛。有研究表明，孩子在幼儿阶段，因为神经系统尚未完全发育，因此对疼痛的敏感性较高。随着年龄的增长，神经系统逐渐发育成熟，对疼痛的敏感度也会逐渐降低。

大多数对治牙感觉恐惧的原因都来自对未知的焦虑。比如，张牙舞爪长得很像“怪物”的医疗器械，以及牙钻发出恐怖的“滋滋”声，都会让女孩害怕。有的女孩害怕看牙医，并不是一开始就害怕，而是因为父母的恐吓或者哄骗，在心里埋下了“治牙很可怕”的种子。比如，当孩子不好好刷牙或者总是吃糖的时候，父母就会拿“拔牙”“牙钻”等词来吓唬孩子。

有的父母会哄骗女孩看牙不疼，或者说看牙医只是去一个好玩的地方，但很快就会被拆穿。因为看牙医并不好玩，治疗的过程也不愉快，会不舒服，甚至会很疼。当女孩意识到父母欺骗了自己后，会产生愤怒和不信任，进而大哭大闹使治疗过程更加痛苦，因此对看牙医产生阴影，下次治疗就更加不配合。所以要从根本上改变女孩对看牙的恐惧，慢慢减轻女孩的心理压力。

专家教你这样做

让女孩了解看牙的流程

在准备带女孩去牙科就诊前，父母可以提前告诉女孩什么是牙医，我们为什么要去看牙。提前让孩子了解一些相关知识，对看牙有了科学认知，这样消除孩子对看牙的负面印象。比如，一起在家观看跟看牙相关的动画片和绘本，玩牙医角色扮演游戏。或者带女孩参加一些医院或门诊举办的“小牙医”体验活动，在体验过程中，女孩可以了解看牙的流程和操作过程中使用的器械，有助于女孩减轻看牙恐惧。

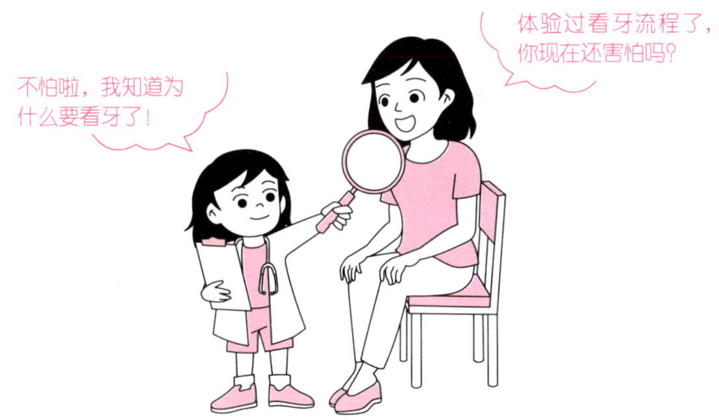

适当鼓励女孩

父母可以对于女孩良好的表现给予适当的鼓励，这样有助于下次治疗的配合。但对于女孩过于哭闹的表现，切忌过度补偿，否则女孩可能会误解“只要我足够哭闹，就会得到补偿”，那么下次看牙也许会哭得更加“卖力”。

定期做口腔检查，给女孩“脱敏”

父母可以从女孩长牙开始，定期带女孩拜访口腔医生。让女孩慢慢熟悉医生和医院的环境，跟医生形成良好的互动，通过一步步“脱敏”来让女孩摆脱看牙的恐惧。这样不仅能长期关注女孩的口腔健康，还能让女孩对口腔治疗不再那么抵触。

尝试让女孩独立看诊

在女孩看牙的过程中，父母可以逐渐放手，尽量减少参与。当父母总是在女孩身边时，女孩就有“耍赖”的底气。这样更不利于治疗，也不容易让女孩适应。一般牙科诊所的诊室都是透明的，当牙医给女孩检查和治疗的时候，父母可以尽量给予孩子鼓励，并在诊室外等待。

2. 为什么去幼儿园总是哭闹

早上的幼儿园门口，总能看到父母跟孩子之间的拉锯战。不是紧紧抱着妈妈不肯撒手，就是被老师强行抱进去，父母也很无奈。

陌生人焦虑是指孩子看到她不认识的、不熟悉的人时，会产生焦虑。孩子在婴儿阶段，几乎不会对陌生人产生排斥反应。但随着年龄的增长，陌生人焦虑就会逐渐在孩子身上显现。这种现象在女孩中尤为明显，女孩不肯去幼儿园，除了对陌生人的焦虑，还有一些别的心理上的原因，父母了解了之后才能“对症下药”。

思维导图解读女孩心理

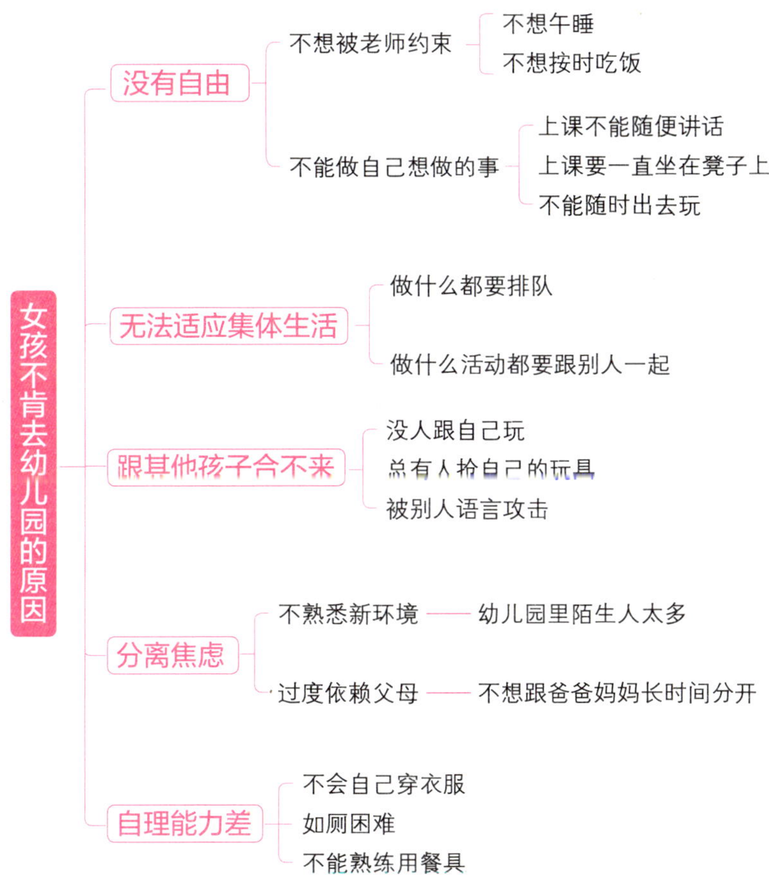

女孩从出生开始，最亲近的人就是父母，只要父母在，她就感觉安全和舒适，所以她不想去幼儿园，只想和父母永远在一起是很自然的事。幸运的是，女孩在两三岁的时候，已经知道“客体恒存”。即使看不见父母，也知道父母是存在的，就算父母暂时离开了，但总是会回来的。也就是说，分离给女孩带来的不安感不会持续很长时间。

女孩的适应能力其实很强，就好像有的女孩在去幼儿园之前，抱着妈妈的腿哭闹不停。但一入园，女孩就不哭了，玩得还挺开心，完全看不出来之前非常抗拒的样子。这种情况其实就是女孩想发泄一下“不开心的情绪”，就像成年人嘴里的“不想上班、不想运动”一样。

但有些女孩确实是在抗拒幼儿园，因为幼儿园就像笼子一样限制了她的自由。孩子的思想不像大人那么理性，那些把幼儿园围起来的铁栅栏，在大人看来是孩子的安全保障，在孩子的眼里却像是一个牢笼。再加上在幼儿园里不像在家里自由，什么事情都要定时定量去做，被老师管束，一时间有些难以接受。

而且女孩上幼儿园，就代表她要自己一个人处理所有的麻烦。平时跟爸爸妈妈在一起的时候，发生什么事情，父母都能帮忙解决，就算自己说不清楚，父母也能心领神会。可一到了幼儿园，不仅要跟不熟悉的老师同学打交道，遇到自己不擅长的事情也不知道怎么处理。这些事情在成人看来是一件小事，但却很容易给女孩带来挫败感，在幼儿园的压力越来越大，自然就不想去了。

专家教你这样做

疏导女孩的分离焦虑

分离焦虑宜疏不宜堵，父母可以先接纳女孩的情绪，跟女孩产生共情，再给女孩提供一个可以缓解焦虑的方法。比如，父母可以在女孩的衣服上或者书包上贴一个她喜欢的贴纸，或者在书包上挂一个毛绒挂件，告诉女孩如果想妈妈了，可以摸一摸。放学后，父母也尽量提供有质量的陪伴，缓解女孩内心的焦虑和思念。

帮女孩解决具体问题

如果女孩是因为一些具体的问题而不想上幼儿园，父母就可以针对女孩的问题，帮助女孩找到解决方法。比如，女孩在幼儿园总是被别人抢娃娃，父母就可以让女孩找老师帮忙，或者尽量避开那些会抢东西的小朋友。父母也可以在家里陪女孩“演习”一下，在送女孩上幼儿园时，要鼓励女孩实践这些方法，给予女孩信心。

跟女孩聊一聊幼儿园的事情

父母可以用温和的语气每天和女孩聊一聊在幼儿园里发生的事，不论这些事给女孩带来积极还是消极的感受，父母只有完全接纳女孩的情绪，帮助女孩解决问题，才会让她实现顺利地过渡。

如果女孩真的感到开心，父母也会开心；但如果女孩遇到了不高兴的事情，能坦率地跟父母倾诉出来，也是好事。这样父母才能帮女孩分担，减轻女孩上幼儿园的压力。

3. 为什么玩起来就不肯回家

把孩子带出门玩容易，喊回家却很难。有时孩子在外面玩疯了，就会一再拖延回家的时间。

有研究表明，人处在兴奋状态下时，身体会分泌一种叫内啡肽的物质，这种物质能让人感到快乐。女孩在户外玩耍的过程中体验到了快乐，而父母却想打断她的快乐，女孩当然会拒绝。除了生理上的原因，父母需要多分析一下女孩不愿意回家的心理原因，找到让女孩顺利回家的好方法。

思维导图解读女孩心理

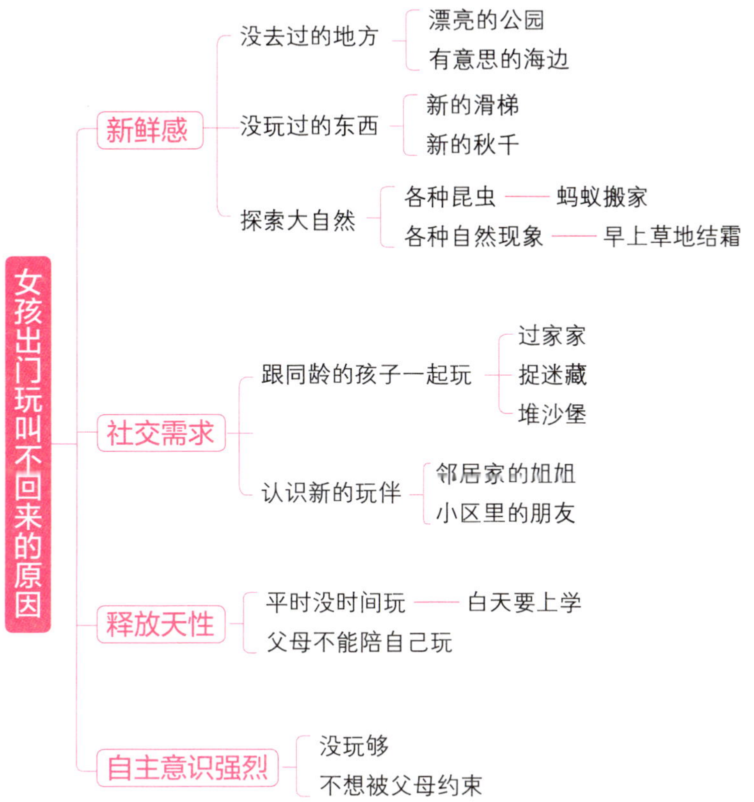

教育学家蒙台梭利认为，游戏其实就是孩子们的“工作”，他们会在这些“工作”中完成学习，就好像女孩喜欢玩的“过家家”游戏一样，她在游戏里扮演“家长”，履行自己的责任，完成自己的“工作”。

在 2~7 岁的时候，正处于女孩的前运算阶段，她们会开始建立符号系统，慢慢掌握语言能力和抽象思维能力。女孩在玩“过家家”游戏的时候，她的表达能力会得到提升，她会认为自己在做一件很重要的事情，会在游戏中得到认同感和成就感，自然就不想被打断回家。

女孩不想回家，也是受认知发展阶段的限制。心理学家皮亚杰认为，4 岁之前的孩子都以自我为中心，认为世界都是围着自己转的。父母要求女孩回家，对她说家里有很多事情要做，但女孩其实并不能理解，就算父母会生气，她也只觉得父母是在逼迫自己做不想做的事情。

有研究显示，外出玩耍会对儿童的情绪健康起到重要作用，因为玩耍能帮助他们顺利摆脱焦虑和压力的困扰。《儿童和青少年医学文献》曾经刊登了一篇实验报告，研究人员对一批 3 岁左右的儿童进行观察，观察他们在幼儿园的表现，评估他们的焦虑程度，然后再把焦虑的孩子进行分组，一组去玩具房跟朋友玩耍 20 分钟，一组去听老师讲故事 20 分钟。最后结果表明，跟朋友一起玩玩具的孩子缓解焦虑的程度，是听故事的孩子的两倍。也就是说，女孩们在外面玩不想回家，也是想通过玩耍释放自己的压力。

专家教你这样做

出门前制定好规则

在带女孩出门之前，父母可以跟她一起制定好规则。首先，约定好时间，比如出发的时间、玩耍的时间和回家的时间。而且约定好了就要严格执行，父母可以跟女孩进行拉钩确认，增加规则的仪式感。

其次，就是要制定好奖惩措施，如果不按时回家会接受什么惩罚？按时回家会得到什么奖励。比如按时回家一次可以买一次喜欢的零食，超时则需要减少下次出门玩的时间等，强化女孩的时间观念和规则观念。

给女孩回家的缓冲时间

当女孩在外面玩得不想回家的时候，父母可以给她设置一个缓冲时间，让女孩提前做好心理准备。比如，约定好了五点回家，可以提前 10 分钟提醒一下女孩，告诉她再玩一会儿就要回家，不至于太突然，让她产生抗拒心理。

好好道别

对大人来说，孩子玩耍的地方只是个普通的公共场所，但是对于女孩来说,可能就是最心爱的地方。跟女孩一起玩的玩伴也是一样，一句温暖的道别能让女孩更期待下一次的重逢。所以父母可以领着孩子跟小玩伴们说再见，跟每一个玩过的设施道别，减少女孩不舍的感觉。

让回家对孩子具有吸引力

外面比家里好玩，女孩肯定就不愿意回家。父母可以把家营造得更温馨有趣一点,让回家变得具有吸引力。还可以准备好吃的零食、好玩的玩具，家里挂一些漂亮而温馨的装饰。更重要的是耐心陪女孩玩游戏，让女孩觉得回家很幸福。

4. 为什么突然变乖了

女孩原来总是不听话，但是某段时间突然又变得非常乖巧听话。比如吃饭的时候，不用妈妈提醒，她就能把饭吃得干干净净；回到家里，不用催，她就能收拾东西。这时我们可能会感到欣慰，感叹女儿终于懂事了，但事实真是如此吗？

儿童心理学家皮亚杰把儿童的道德认知分为了四个阶段：0~4岁的无律阶段、4~8岁的他律阶段、8~10岁的自律阶段和10~12岁的公正阶段。儿童的道德发展基本上是从无律开始，然后才发展到自律。

当女孩处在他律阶段的时候，她往往不能准确判断什么是好的或者坏的。经常会把父母和老师的话绝对化，如果能得到大人的表扬就是对的，否则就觉得自己做错了。这个时候女孩会主动迎合和遵守大人所定的规则，并且非常在意大人的评价。

女孩突然变得乖巧懂事，到底是好事还是坏事？父母可以仔细观察女孩这个阶段的表现，分析女孩变乖的原因。

思维导图解读女孩心理

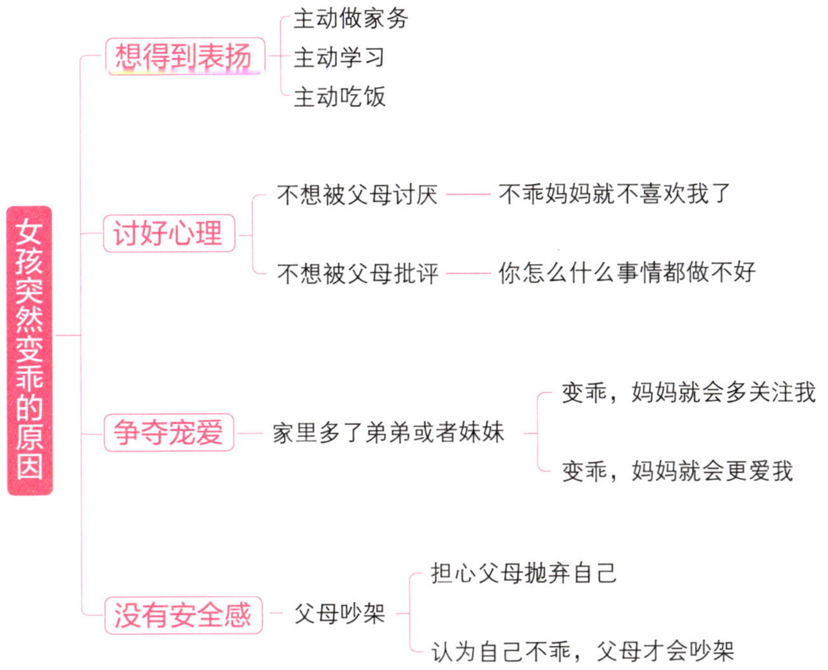

心理学上有个“缄默效应”，指的是当人遇到很大的压力时，会表现出沉默和服从，但内心却是抵触的，这些抵触心理会在心中慢

慢积攒成负能量。另外，女孩选择服从，还可能是因为父母的施压。有的父母总是高高在上地发号施令，女孩一表现出任何想法，不认真分析，就马上打压，女孩因此产生畏惧心理。为了逃避压力，就会选择沉默，表现出“乖巧”的样子。

其次，是父母无法洞察女孩内心真正的需求。“马斯洛理论”将人的需求分成了五类，分别是生理需求、安全需求、爱和归属感、尊重和自我实现。其中安全、爱和归属感需要父母无条件地给予，而这两种需求不能是物化和有条件的。比如，女孩只有拿到好成绩，才能得到父母的夸奖；只有讨好父母做个“乖乖女”，才能得到父母的认可等。当女孩认为父母的爱是有条件的，爱变成了等价交换，无条件爱的需求得不到满足，这时的女孩就容易变成讨好型人格。

有时女孩变得乖巧是真的懂事了，而有时的乖巧则是为了讨好父母，这就需要父母认真分辨。如果女孩是真的变好，那她则会表现出由内而外的自信，性格会更加独立，虽然乖巧听话，但却很有主见，而女孩如果只是为了讨好父母，那她则会没有主见，也没有安全感，只是为了让父母满意而行事。

专家教你这样做

把女孩看作是一个独立的个体

父母不必什么事情都为女孩做决定，可以把女孩看成一个独立的个体，多让女孩表达自己的想法，更不必什么事情都进行干涉。特别是当女孩慢慢长大，她会有更多自主意识，并在意自己的感受，只有当自己的需求被理解与尊重，她才更愿意跟父母交流。这时父母应该站在女孩的立场与角度思考问题，尊重女孩的想法。

适度满足女孩

每个女孩都会有撒娇任性的时候，可能是为了实现某个愿望，可能是为了得到父母的关心，这是女孩的天性。如果这种天性被压抑，就容易让女孩变得自卑和沉默。此时父母可以多关注和了解女孩的需求，并适度满足，保护她天真烂漫的天性。

教会女孩适当说“不”

把说不的权利还给女孩，教女孩在适当的时候说“不”。如果女孩只会说“好”，就很有可能变成不会拒绝别人的讨好型人格。父母可以帮女孩建立正确的是非观，面对不想做的事和不想要的东西时，要勇敢地说“不”。教她表达自己真正的想法，女孩才能知道什么是自己想要的和不想要的，这样能促进她的个性发展。

5. 为什么喜欢撒泼打滚

有些女孩跟着父母出门，与很多男孩一样，看到什么都想要。如果父母不给买，就会赖在原地不走，甚至会撒泼打滚。碍于面子，很多父母就会选择妥协。

有研究发现，很多孩子都有一段“熊孩子期”。在这期间，他们一般都是随着自己的心意做事，什么事都无所顾忌。

从大脑发育的角度来看，人类的理智脑比情绪脑发育落后。6岁以前的儿童，更容易被情绪牵着鼻子走。在他们的情绪冷静下来之前，是没办法做到理智思考的。如果这个时候父母想要给女孩讲道理，往往是行不通的。又或者父母用粗暴的方式压制女孩，当时看似解决了问题，实则问题只是被潜藏了。

为了理解女孩为什么会撒泼打滚，也为了让父母找到更好的方法纠正女孩的这种行为，就要深入理解女孩这么做的心理动机。

思维导图解读女孩心理

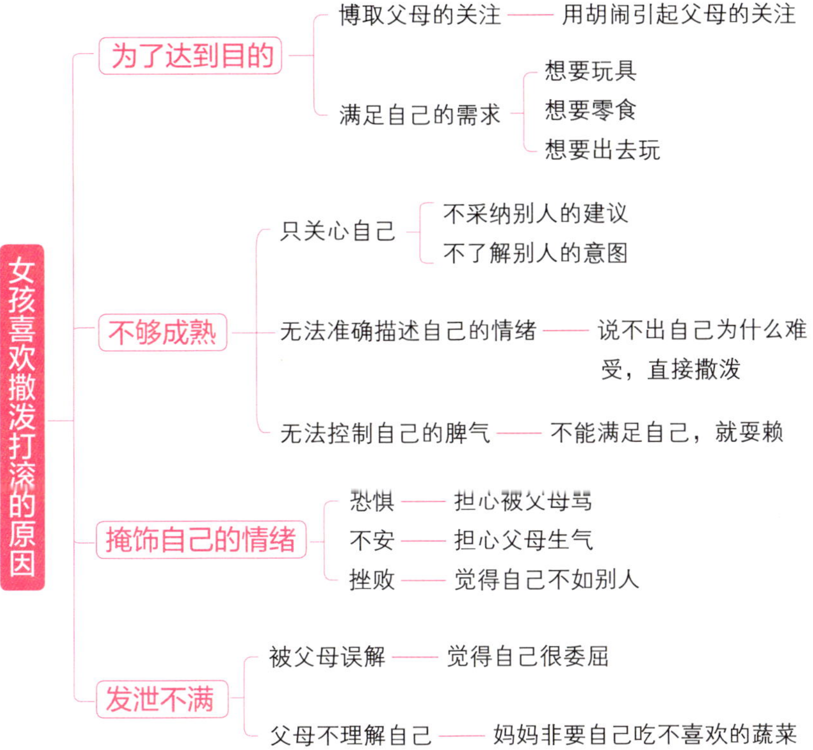

在我们人类的大脑中，有两个呈杏仁状的脑组织叫杏仁核，情绪的反应都来自这里。比如，在人受到惊吓或者威胁时，杏仁核就会发出攻击或者逃避的信号。杏仁核在人出生的时候就已经发育完全了，所以，有情绪反应是人与生俱来的能力。在大脑中还有一个部分是前额叶皮质，在大脑前方，它负责决策和自控。但是前额叶皮质并不是一出生就有的。前额叶皮质大概从 2 岁开始发育，一直到 20 多岁才发育完全。

当女孩遇到危险、挫折和恐惧时，杏仁核便会发出某种信号，让她们本能地做出“打人、哭、摔东西”等过激的反应。在杏仁核的控制下，女孩对于外界的反馈都是本能的，不经思考的。而且在负责控制情绪的前额叶皮质未发育好的情况下，女孩大部分时间都会受这种本能的影响，从而情绪多变，经常不自主地哭闹。

女孩在 2~5 岁，正处于自我意识逐渐觉醒的阶段，这个时候女孩会有自己的自主意识与想法，但因为能力不足，没办法实现，就会产生挫败感。她每一次发脾气，其实都是对自己内心情绪的宣泄。

美国作家帕蒂·惠芙乐在《倾听孩子》一书中写道：“孩子喜欢在家里，在至亲面前表达全部情感，是因为他能被倾听和理解。孩子被理解得越多，以后在外面他就会表现得越好。”女孩想要表达自己的需求，但控制和调节情绪能力不足，也没有掌握好合适的方式，就只会哭闹或撒泼打滚了。

专家教你这样做

接纳情绪

如果女孩哭闹时，父母不用急着阻止，可以允许她哭一会儿，然后问她：“妈妈 / 爸爸拒绝了你，你是不是很难过？”让孩子明白自己现在处在“难过”的情绪之中。这时候父母可以接着和孩子说：“难过你就哭吧，妈妈 / 爸爸陪着你。”这就是接纳了孩子的情绪。孩子明白自己可以宣泄情绪，爸爸妈妈会陪着自己，于是她的安全感得到了满足，情绪会慢慢平复下来。

提前约定

父母在出门之前，需要提前和孩子就购买的物品做好约定，商定好购物清单。当女孩在购物过程中，想买不在清单中的物品，父母要提醒女孩："咱们之前已经定好了，这次不买别的东西。"就算女孩软磨硬泡，父母也不能答应，要告诉她："下次再买。"

告诉孩子拒绝的理由

等女孩的情绪稍微平复之后，父母要直接带女孩回家，然后告诉她拒绝的理由。比如，"我们说好每个月只能买两次玩具，这个月的次数已经用完了。"或者"如果你想要的话，可以等到你生日或过年的时候。"

表扬孩子的正确表现

当女孩忍住冲动，没有买想买的东西时，父母需要大力地表扬她，告诉女孩："你做得很好。"女孩因为表现良好而受到鼓励，自然会更乐于配合父母。父母设立的规矩，就能够更好地得到遵守。

第 4 章 读懂女孩的性格心理

1. 为什么非常害羞

有些女孩非常害羞，在陌生场合动不动就脸红，甚至手心出汗、心跳加速。她们常常沉默、胆小，不喜欢表现自己，这方面男孩却好很多。

一些父母很困惑，女孩在很小的时候还特别爱表现自己，但是随着年龄的增长，反而开始变得胆小了。这让父母觉得很尴尬，认为女孩非常没有礼貌。其实，害羞是女孩正常的一种心理反应。

心理学家孟昭兰在《情绪心理学》中谈到，当在社交场合碰见陌生人时，婴幼儿会出现微笑后低头，把脸藏在妈妈身后，表现出“害羞”的表情。这种害羞是伴随着女孩的自我意识发展而发展的，而且因为女孩本身就比男孩的心思更加细腻，所以在成长的过程中大多都会有害羞的表现，这是正常也是必经的一个阶段。这种害羞不能单纯地归结为不礼貌，父母可以多分析一下女孩害羞的心理原因。

思维导图解读女孩心理

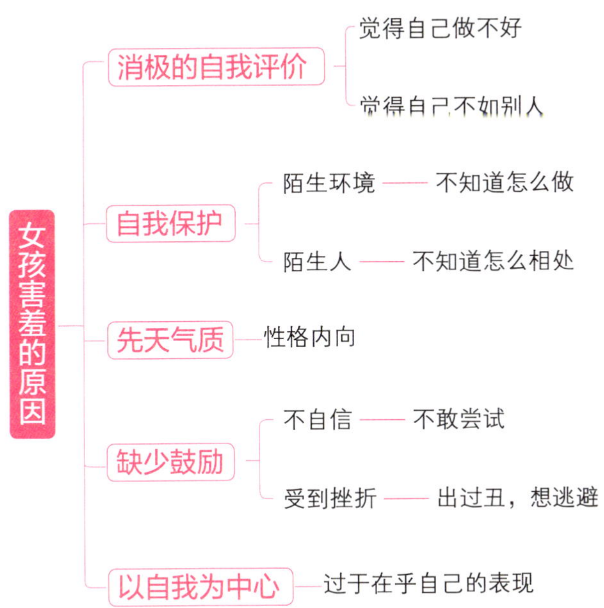

有些女孩的害羞特质，是与生俱来的。哈佛大学的心理学家发现，大约有 10%~15% 的婴儿都是“生来羞怯”。他们会更容易遇事退缩，较少做出社交回应。即使在比较舒服宽松的环境里，他们也会害羞和紧张。

关于害羞，先天只是一小部分原因。有研究表明，只有 30% 的害羞人群是由基因决定的，剩余的 70% 都是受环境的影响。对于特别害羞的女孩来说，让她们害怕的可能不是正在发生的事情，而是因为之前遭遇过尴尬或者不愉快，所以才会表现出害羞。比如，女孩上次跟别人打招呼的时候说错了话，被妈妈批评了一顿，下次见到陌生人的时候，就条件反射地躲起来。

另外，害羞也源于对别人的不信任，以及对自己的不自信。尤其是在陌生的环境中，不自信会更加强化，这时女孩也更容易怯场。这其实是女孩的一种自我保护机制。当她们在面对陌生环境或者陌生人的时候，会因为感到不安而做出防御反应，为了避免潜在的风险，害羞能让女孩更加警觉，让她们更加仔细地考虑自己的行为和言辞，甚至还能引发女孩的自我反思，让她们更加关注自己的社交行为。

然而，女孩害羞并不代表着她们不善交际，她们只是需要时间来适应环境，了解不熟悉的人。这就是有的人慢热的原因。

专家教你这样做

一起模拟社交场景

妈妈可以拿女孩平时喜爱的玩偶与孩子一起玩角色游戏，通过角色扮演让女孩体验不同的生活情景，让她在模拟中尝试表现自己，学会社交。比如过家家游戏，爸爸妈妈扮演成认识的朋友、亲戚，假装遇见孩子，和孩子打招呼。

正向鼓励女孩

父母可以努力找到孩子身上的闪光点，并赞赏她，提升女孩的自信。比如女孩平时很害羞，那么当她和其他小朋友玩得很好，或者主动对长辈打招呼时，父母可以及时肯定女孩的行为。用语言鼓励她，比如：“你刚刚跟阿姨打招呼了，真的很大方得体，我们下次还可以再试试看。”

琳琳很害羞，在广场玩时，看到别的小朋友在跳舞，她也想跳，但不敢做大动作，只是跟着音乐轻轻地摆着手。妈妈没有强迫她，而是自己学着小朋友扭动身体，并鼓励琳琳一起。

因为妈妈的鼓励，琳琳有了动力，一次比一次自信，逐渐开始跟其他的小朋友一起快乐地跳起来。

给女孩创造社交机会

创造一个鼓励女孩积极参与社交的环境，让女孩感到安全和受欢迎。鼓励女孩与其他小朋友友好往来，教给她一些社会交往的技巧，但不强迫。尊重女孩，允许她们自主选择参与的程度。比如，妈妈可以举办一个小型聚会，让孩子们自己相处，不逼迫女孩主动交谈，容许她随时回到自己独处的空间，循序渐进，让女孩慢慢适应社交生活。

2. 为什么这么脆弱

一些女孩非常脆弱，同学的一句负面评论、老师的一句批评，都能让她不知所措，崩溃大哭。

发展心理学家埃里克森在研究中发现，3~6 岁孩子成长期的核心议题就是不断经历敏感、害羞和心理脆弱。女孩如果在这段时间里遇到困难，就会觉得害怕，这也是她缺乏安全感的时期。父母最好在这段时间内，教会女孩如何克服脆弱和敏感心理的方法，这需要父母深挖女孩过于脆弱的心理原因。

思维导图解读女孩心理

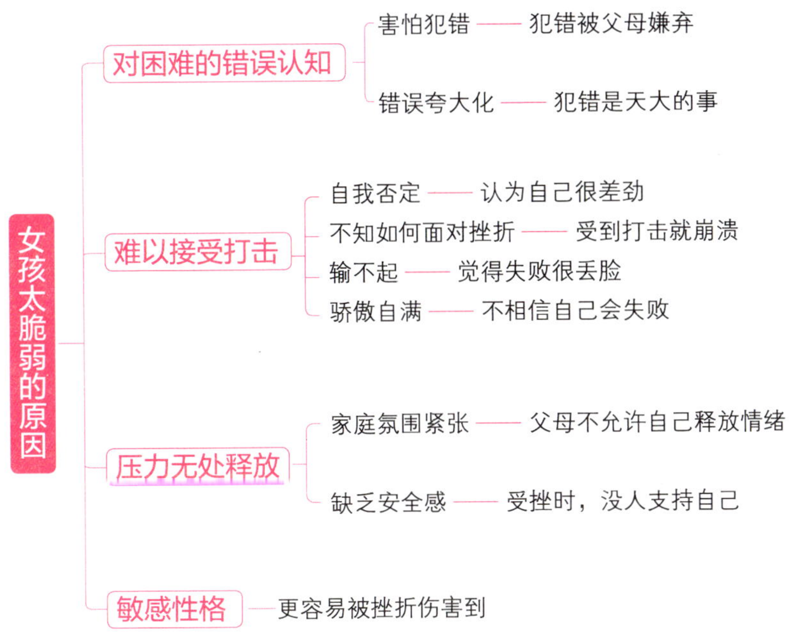

心理承受能力，指的是个体在逆境时，面对心理压力和负面情绪的承受与调节能力。从狭义的角度看，心理承受力与先天的神经特征有关。从广义的角度看，心理承受力则与个体对挫折等环境信息的处理程度有关。有一部分女孩是天生的高敏感儿童，更容易受到情绪和压力的影响，也就更脆弱。

“高敏感人群”的概念由美国的心理学研究者伊莱恩·阿伦提出。他认为这类人天生对周围的人和环境感觉更敏锐，他们天生就情感细腻、想法过多、情绪反应过度，周围发生的种种变化都能引起他们的注意。女孩太脆弱可能并不是太矫情，而是高敏感的特性，让她看起来承受能力很弱。

还有一部分女孩太脆弱，是因为归因错误。关于成功和失败的归因，一般会归于四个方面，即个人努力、个人能力、任务难度、机遇。如果父母总是过分地夸赞和保护女孩，就会让女孩无法培养良好的归因习惯，总将成功归因于自己的能力。没有很强的抗挫能力，女孩一旦遇到挫折就会难以接受，因为理想中的优秀和现实中的失败形成了强烈反差。这也叫“捧杀”，过分地吹捧和夸奖，会让被吹捧者骄傲自满、退步停滞，甚至会失败和堕落。如果女孩从小被过度保护，她的抗压能力、受挫能力必然会出现不同程度的缺失。

在大多数情况下，女孩太脆弱，心理承受能力不足，就是“心理弹性”不足。“心理弹性”指的是女孩的行为和心理在外界环境变化的过程中而产生的变化，它会自己逐渐调控和适应。就像弹簧一样，能经得起压力，能伸能缩。“心理弹性”差的女孩，不能及时调整心态，一旦遇到挫折和失败，就容易被打败，并且深陷在悲观情绪中。

专家教你这样做

帮助女孩正确认识挫折

父母可以帮助女孩建立正确的“挫折观”，向她传递“每个人都会遇到挫折”的观念，帮助女孩分析为什么会遇到挫折，让她知道很多挫折都是由各种因素共同导致的，并不能反映女孩本身的能力。比如，女孩总是学不会乒乓球，很有可能是技巧没学对、球拍不合适、场地不合适、能力还不足等，不能简单归结为“我不行”，此时父母引导女孩一点一点找方法解决就行。

弱化挫折，提升适应力

父母可以让女孩多次经历挑战，比如，女孩学自行车摔跤了，父母不需要大呼小叫，更不必表现得比女孩还在意，而是要弱化挫折。如果女孩哭了，父母只需给予轻声安慰与鼓励就可以了。父母要告诉女孩困难总是存在的，可大可小，跌倒了必须站起来，然后找到解决问题的办法，慢慢提升女孩对挫折的适应能力。

让女孩尝试自己解决问题

女孩遇到的问题，父母可以鼓励女孩尽量自己解决。比如，小伙伴抢了她的玩具，玩游戏总是输给别人，总是得不到老师的小红花等。从遇到的小难题开始，尝试让女孩自己去解决，必要的时候父母也可以给予提示和帮助。等女孩习惯了自己解决问题，遇到更大的挫折时，也不至于太受打击或者手足无措。

3. 被欺负为什么不敢反抗

当女孩被欺负时，大多都不会像男孩那么勇敢，很多时候都不敢反抗，只是默默地忍受，甚至不敢告诉老师，不敢告诉父母。但欺凌却不会因孩子的退让而消失，反而会因为女孩的软弱而变本加厉。

校园霸凌不仅仅是指被殴打、侮辱，女孩之间更常见的是隐形霸凌，比如，被推搡、被孤立、被说脏话、被起外号等。这种隐性欺凌在女孩之间更为常见。

女孩不敢反抗，是一种正常的应激反应。人在受到突然打击的时候，会出现突然呆住，全身僵硬，然后大脑一片空白，短时间内会手足无措，不知道如何反应。除此之外，女孩不反抗别人的欺凌，可能还存在一些心理原因。

有心理学家记录了两千多起幼儿之间的冲突事件，并记录下了他们的反应。结果发现，80% 的孩子在遭到攻击的时候，都没有选择反击，而是会独自哭泣，或者退让，任由攻击者抢自己的玩具。

这说明大多数孩子在面对攻击行为的时候，都会选择逃避，而不是反击或者向别人求助。特别是女孩在面对比自己强壮的孩子时，更加无力反击，也不知道怎么反击。

思维导图解读女孩心理

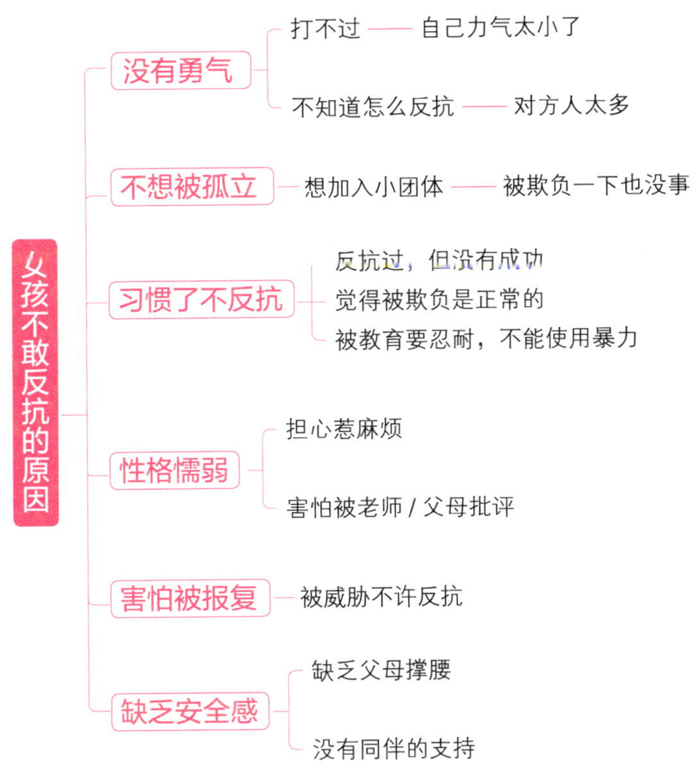

有时父母对女孩的过度保护，也会让女孩不知道如何反抗，她会下意识认为父母会为自己解决一切。美国“新精神分析学派”心理学家埃里克森认为，父母的过度保护会阻碍儿童的自主发展，如果儿童不能自由探索，就不能获得对自我的控制感，以及对外界的

认识，从而变得容易依赖他人。

从表面上看，父母的时刻保护可以让女孩免受一些伤害，但同时也在一定程度上束缚了女孩的“手脚”，让她无法独立成长，剥夺她体验成长的机会。所以，当女孩遭遇到外界的攻击，比如，被推搡、被抢夺时，她就容易手足无措，更别说反抗了。

而且女孩不知道反抗，也可能是因为女孩习惯了逆来顺受。由于父母强势，女孩平时在家里没有任何自主性。父母强势地规定女孩能做什么，不能做什么，所有决定都替女孩做好，基本不站在她的角度考虑，也不听她的想法。女孩如果在这样的环境下成长，就会懦弱，无主见，遇事退缩，不敢主动出击。这样即使在外面受了欺负，也不敢反抗，也不会回家跟父母倾诉。

专家教你这样做

倾听与信任女孩

当女孩鼓起勇气倾诉她的遭遇时，无论听起来是多么无足挂齿或者不可思议，父母最好都给予女孩充分的信任和支持，不要急着下结论，也不用责备她“为什么不反抗”。女孩可能在被欺负的时候不敢声张，也没有勇气声张，而父母的信任则有可能是女孩走出阴影的第一步。

培养女孩勇敢反击

父母要教女孩用语言反击。比如，被同学威胁说“我不和你玩了”时，可以教孩子说“那我们下次再一起玩吧”。这句话有两个用意，一是让孩子明白，不一起玩是正常的；二是告诉对方，不要试图用这样的威胁来控制我，对我无效。

再比如，女孩被嘲笑黑、胖、衣服很丑时，教女孩勇敢表达自己的情绪：“你这样说，我很生气！”“不许你这样说我！”或者直接反击：“跟你比，我很好。我才不会嘲笑别人。”一定要告诉女孩，受了欺负，一定要学会求助，比如向老师或者父母。

主动为女孩撑腰

当女孩被欺负了，父母只想着息事宁人。如果这样，女孩得不到父母的支持，更没有反抗的勇气了。当女孩被欺负的时候，主动站出来为女孩撑腰，为女孩说话。比如：“爸爸妈妈相信你，我们一起想办法，给你讨回公道。”这样才会让女孩底气十足，心中充满勇气，去反抗和回击，因为女孩相信，无论发生什么，父母都会站在她这边。

4. 为什么遇到一点困难就退缩

有的女孩一遇到困难，或者没做过的事情，连尝试都没有就放弃了，不管父母怎么鼓励、批评，都不肯向前迈一步。

女孩的年龄小，内心发展也不成熟，她可能对于自我和外界，都没有形成清晰的认知。当女孩接触到新鲜事物之后，会凭借自己的本能去探索，但是探索了一段时间之后，可能就会发现难度太大，以自己目前的能力根本无法应对，挫败感就会接踵而至，所以女孩就会开始逃避和退缩。

畏难是女孩自我保护的本能，只有待在自己的舒适区时，尽量不做出改变，才能避免可能带来的风险。著名心理学家马斯洛说："挫折未必总是坏的，关键在于对待挫折的态度。"所以，父母不需要替孩子把所有的困难都挡在外面。想要让女孩面对困难时不轻易退缩，父母就要找到使她退缩的真正心理原因。

思维导图解读女孩心理

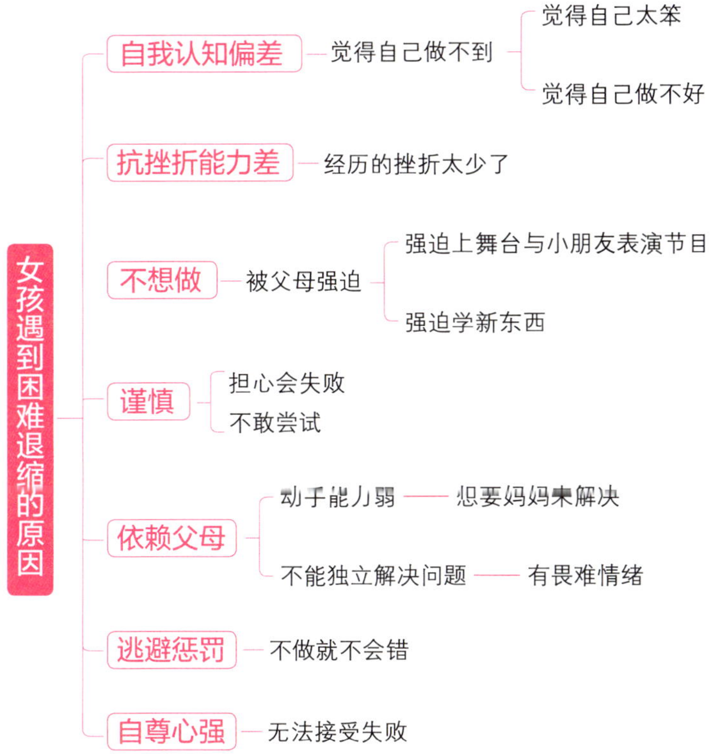

心理学上有一种“达克效应”，这是认知心理学中的一种现象。心理学家通过大量的研究发现，大部分人在遇见问题的时候，会无法正确评估自身的真实水平，看不到自己的不足，所以往往会感觉自我良好，不自觉地高估自己的水平。

随着年龄的增长，女孩在学习生活中会遇到不同程度的困难，这时就会感受到自身能力和任务之间的差距，从而产生强烈的挫败感，想要逃避和退出。这种认知偏差，是自信和能力之间的偏差，也是“达克效应”。

人的心理能量有两种，积极的和消极的。当女孩想要努力去完成一件事情的时候，需要的是积极的心理能量。积极的能量会让女孩做事有动力和激情，对目标和过程能够产生一定的欲望和控制感。

相反，如果女孩心里都是消极的心理能量，这些能量就会带动负面情绪，让女孩没有勇气去面对真实的自己，也没有力量去应对挑战。女孩之所以会遇事退缩，很大一部分原因就是女孩心里的消极能量太多了，没有办法消解，而这些消极能量的源头，可能来自自身的不足，也可能来自外界的压力，最后导致女孩认为自己没有办法达成目标。

专家教你这样做

科学鼓励，让女孩客观认识自己

对待女孩如果父母只是一味地夸奖，而不正确引导，就有可能让女孩自大自满，从而认不清自己的能力，受挫后反而会打击她的自信心。所以父母可以在具体的内容上鼓励和夸奖女孩。比如，把“你真聪明”“你真厉害”换成“你这个词念得很清楚，句子也读得很流畅”，让女孩客观认识自己。

给女孩设定容易完成的目标

如果女孩总是做事失败，或者因为目标太高，产生畏难心理，父母可以帮助她建立信心，从容易完成的任务开始。当女孩完成任务后，父母可以马上鼓励她，让她慢慢建立自信。比如女孩不会写日记，那就让她从一句话开始，让她用一句话写下一天里最快乐的事情，再循序渐进增加目标。

给女孩提供适当的支持

大人眼里的小挫折，可能在女孩的眼里就是大困难。当女孩遇到困难的时候，不用激进地推着女孩前进，也不用全部代替女孩解决问题，而可以帮女孩分析困难的原因，引导她找到解决问题的方法。父母可以鼓励女孩尽量思考问题不同的方面，帮她制定解决问题的计划，让她知道困难也能依靠自己的力量来克服。

带女孩预演成功

当女孩遇到困难想要放弃时，父母可以带着她一起畅想成功后会发生的事情。比如："我一定能把这首诗背会，到时候老师就会表扬我，给我奖励小红花！"帮助女孩战胜畏难心理，引导她勇敢面对困难。

5. 有了二宝后，姐姐为什么越来越黏人

明明姐姐已经很懂事了，自己的事能自己做了。但自从妈妈生

了二宝以后，姐姐的自理能力突然就下降了，不敢独自睡觉了，也不敢独自上厕所。姐姐做什么事情都要缠着妈妈，越来越黏人。

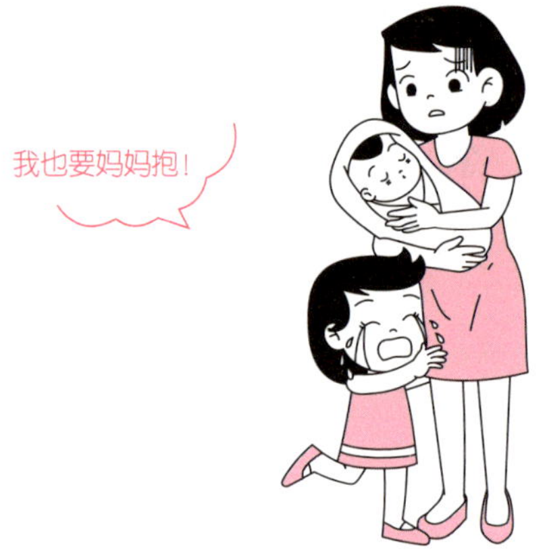

从心理学上来说，这其实是一种“退行现象”。指的是人们在受到挫折，或者焦虑的时候，表现出其年龄所不应该有的幼稚行为反应，会用一些看起来很原始和幼稚的行为来应付眼前的事情。

这也是一种防御机制，用来降低自己的焦虑。比如，女孩已经能独立睡觉，但看到妈妈天天陪着弟弟睡，自己就感到很焦虑，也想黏着妈妈睡。有些女孩因母亲生了弟弟，还会出现尿床、吸吮拇指、好哭等婴幼儿时期的行为。当女孩出现这种情况时，父母要分析这种行为背后的心理原因，认真谨慎对待。

儿童心理学家鲁道夫·德雷克斯说：“一个行为不当的孩子，是一个丧失信心的孩子。”在二胎很普遍的今天，很多家庭都会面临一个棘手问题，老二的出生，会对老大造成很大的心理冲击，会让老大有一种失落感。会让她感到愤怒、失望和委屈。这会促使老大在父母面前竭尽全力去争夺本属于自己的“权利”，会像刚出生的婴儿一样，用哭闹和黏人的行为唤起父母的焦虑，重新“控制”父母，满足自己的需求，以此来证明父母还是爱自己的。

思维导图解读女孩心理

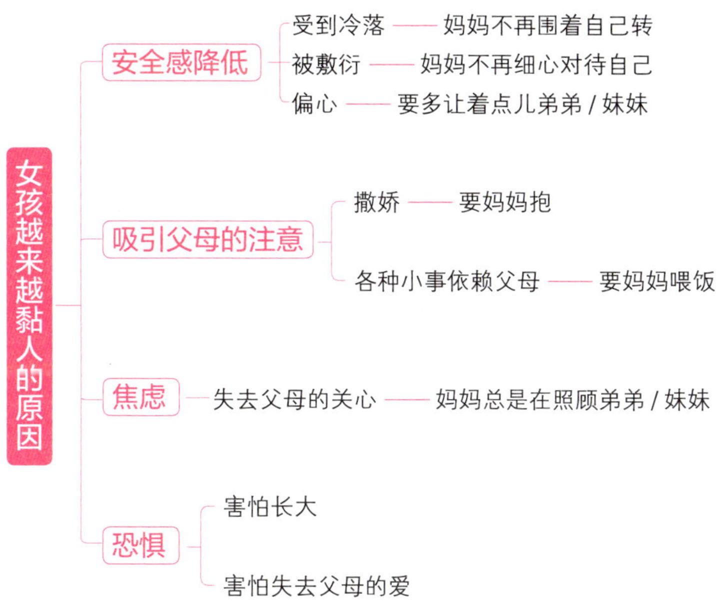

在心理学上，同胞之间的关系主要表现为三种：和谐型、冲突型以及和谐与冲突并存型。很多研究表明，在同胞关系中只有大概两到三成是处于完全和谐的状态，剩下小部分是敌对状态，大部分都是又爱又恨。爱是因为亲情关系，而敌对是因为“资源的争夺”。这些资源不仅仅是指物质资源，还包括了时间和情感等看不见的资源。

这就导致，在姐姐眼里，因为新成员的加入，不仅让自己失去了“丰衣足食”的日子，还让本该全属于自己的爱和陪伴消失了大部分，由此就催生出了敌对和竞争关系。而且姐姐觉得父母之所以会更关注老二，是因为他还小，如果自己也变回小时候的样子，就一定可以重新获得父母的关爱，于是便学着老二的样子，每天都黏着父母。

家庭里多一个孩子，父母的爱并不是一分为二，而是随着新生命的到来，同样又多出一份爱。姐姐要的其实不是公平对待，而是想要特殊对待。姐姐的那些令父母头疼的行为，其实都是想要得到关注的信号而已。

专家教你这样做

接受女孩的退行

当女孩出现黏人、退行的行为时，父母不要急着制止，更不要打骂或者责怪。父母越制止，反而可能会延长这种行为的时间与周期。父母可以尽量对女孩的这些行为表示理解，给女孩一段时间去适应弟弟或者妹妹的到来。充分给予女孩安全感，满足女孩的需求，比如，妹妹用奶瓶喝奶，姐姐也想要，那也让姐姐尝试一下。当女孩得到了满足，退行行为就会逐渐消失。

跟女孩一起重温快乐时光

女孩想要跟老二争宠时，父母可以找时间专门跟她待在一起，重温儿时的养育时光。比如可以跟女孩一起翻看她小时候的照片，用温和的语气讲一讲照片里的故事，让她明白自己小时候也是这样被爸爸妈妈照顾的，现在只是在用同样的方式照顾弟弟或者妹妹，让女孩知道父母仍然爱着她。

让女孩参与照顾老二

家里有了新成员，父母可以让女孩做一些力所能及的事情，让她参与到照顾弟弟或者妹妹的过程中来。比如在妈妈忙不过来的时候，可以让女孩在旁边递一下纸巾，给小宝宝喂一下辅食等，慢慢培养兄弟姐妹之间的感情。

在照顾的过程中，父母可以多鼓励和夸赞女孩，告诉她，等小宝宝长大了，就多了一个能一起玩的小伙伴了。让女孩在实践中感受到生命成长的奇妙，增强女孩的责任感，减少女孩的失落感。

第 5 章

分析女孩的学习心理

1. 为什么写作业磨蹭拖拉

一到写作业的时候，孩子不是削铅笔、找橡皮，就是喝水、上厕所、揉眼睛……最后，导致父母大发雷霆，房间里传来的是责骂声、哭喊声、拍桌子声……

脑神经科学家菅原道仁认为，拖延是心理正常的“防卫机制”，也是大脑为了节约能量的本能反应。每当孩子进行深度思考，或者是专注学习的时候，大脑就很容易疲惫。这个时候，“大脑边缘系统”

为了让大脑更加轻松，就会促使大脑不自觉地去追求短暂的愉悦，比如，让孩子在玩游戏和看电视的过程中得到快乐。

这个年龄段的孩子，不论男孩还是女孩大多意志力薄弱，如果屈从于大脑的选择，就会开始变得“磨蹭”和“拖延”。只有弄清楚导致拖延的心理原因，才能有效解决问题。

思维导图解读女孩心理

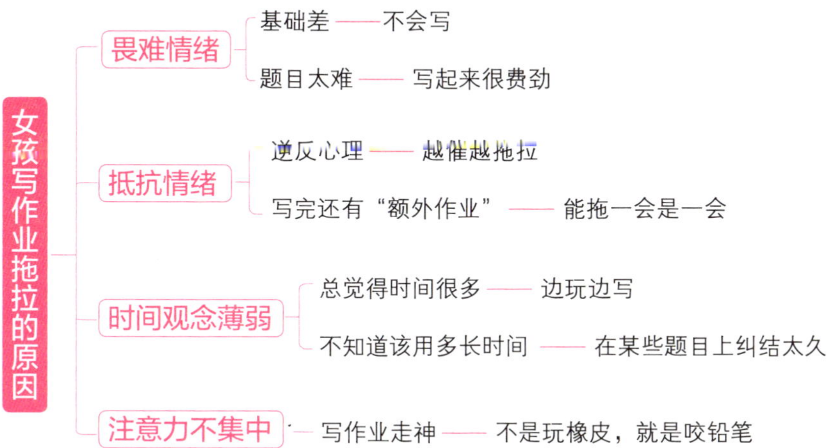

拖延症产生的原因，正是因为人们会对开始或者完成某个任务而感到焦虑，而拖延就是对抗焦虑的一种方法。女孩因为作业而产生焦虑情绪，比如，害怕自己写得不好、害怕自己被批评，就会迟迟不想动笔，总觉得拖一会儿就能缓解自己的作业压力。

除了作业带来的现实压力，父母带来的心理压力也是女孩拖延的原因。心理学家阿德勒指出：“一个有拖延习惯的儿童背后，总有一个事无巨细地为其整理收拾的人。”包办、专制、严厉的父母，实际上更容易让女孩变得拖延。

拖延其实是一种被动反抗的行为，以用来反抗别人对自己的控制。在女孩看来，父母的唠叨和指责会让自己感到不被尊重，她会觉得父母总是要求自己，不理解自己，自己没有任何做主的权利。所以女孩就会用拖延来消极抵抗，用这种方式表达自己的不满，争取自主权。

女孩的磨蹭其实是在给父母发送沟通信号，想要父母改变一下教育的方式；想要父母尊重自己，给予自己独立成长的机会。

心理咨询师简·博克认为："拖延的毛病，既非恶习，也非品行问题，而是由恐惧引起的一种心理综合征。"有时女孩可能会因为太过于追求完美，而选择拖延。就算这件事是她感兴趣的，也可能会因为害怕自己做不好而变得拖拖拉拉。

专家教你这样做

利用计时器

写作业的时候，给女孩的桌上放一个计时器，让她知道写作业

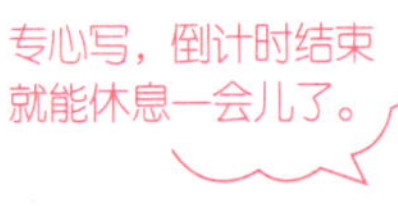

需要多长时间。刚开始的时候，女孩可能不会准时完成，所以父母要循序渐进，让女孩逐渐适应。这样可以给女孩适当的时间压力，帮助她培养时间观念。

作业分时写，多给予正面评价

如果作业太多，父母可以先了解女孩的作业量，然后把作业分成两到三个时间段，比如先花 15 分钟做第一个部分，完成后父母及时给予鼓励，然后休息一下，再完成后面的部分。当女孩适应后专注力会有所提升，之后写作业的时间就可以逐渐延长，养成习惯后，就不用再分割时间了。

如果作业太难，可以帮女孩把作业从易到难进行拆分，先写简单的，再写难的，降低孩子完成作业的心理压力。同时要鼓励女孩，让她逐渐建立起写作业的信心，提高写作业的兴趣。最后如果女孩实在还有不会的难题，可以跟父母一起解决。

用休息时间激励女孩

将写完作业后的剩余时间，留给女孩自由支配。比如规定作业要一个半小时之内完成，如果女孩按时完成了，那么剩下的时间可以让女孩自由支配，她可以出去跟朋友玩，也可以在家玩玩具。养成这样的习惯后，她就会抓紧时间写作业，早点写完就早点玩。

遵守时间约定

当女孩没有按时完成作业时，父母不要依女孩的要求而延长时间，让女孩承担违反时间约定带来的后果，让她主动反省，并自觉做出调整。虽然强硬的态度会让父母和女孩都感到压力与不适，可是如果不这样做，女孩只要有了一次拖延，就会有无数次拖延，所以父母一定要守住这种学习的约定。

2. 为什么学什么都三分钟热度

有些女孩做事情全凭一时的兴趣，觉得弹琴有意思，想学；觉得跳舞很好看，想学；觉得画画好玩，想学。就这样，父母为女孩报了很多的兴趣班，但没有一个是能坚持下来的，学什么都“三分钟热度”。

心理学家曾经做过一个实验：让参与实验的人观察照片，然后通过仪器来检测大脑的变化。实验发现，当重复给一个人看同样的照片时，大脑的活跃度会降低，大脑会不自觉无视相同的照片，这也是为什么女孩的注意力不会在同一件事情上停留太久。

对于年龄小的女孩来说，“三分钟热度”其实是常态，这是由女孩大脑的发育特点决定的。在她6岁之前，大脑都处于快速发展的阶段，需要通过频繁地探索和发现，来促进脑部发育。父母想要提升女孩的专注力和耐心，除了要了解女孩发育的生理原因，同样要找到背后隐藏的心理原因。

思维导图解读女孩心理

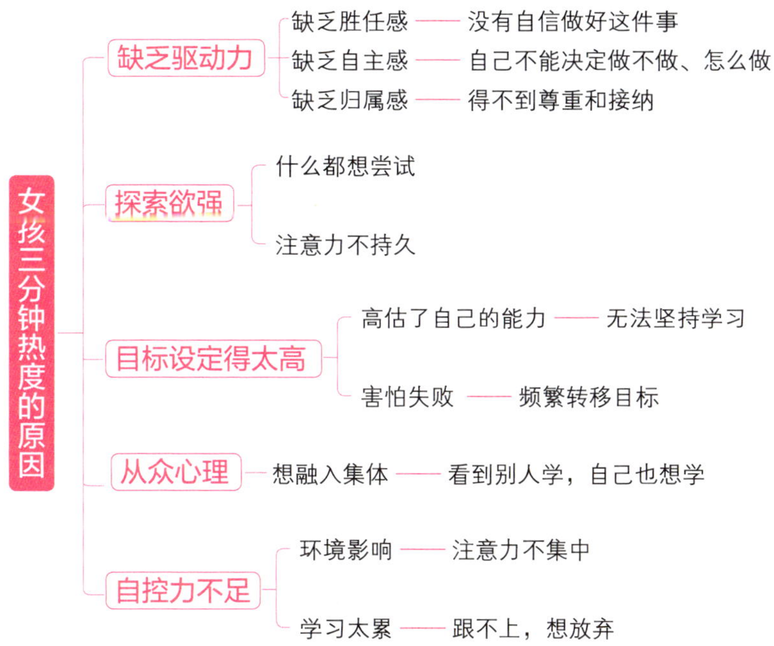

心理学上有一个“自我决定理论”，该动机理论从心理需求的角度出发，分析出如果人要持续地、有动机地做一件事，就必须同时满足三个心理需求：自主感、胜任感和归属感。其中，自主感占据了很重要的位置。

有儿童心理调查显示，在没有人为干扰的情况下，孩子会本能地关注自己喜欢的东西，但如果被外力强制干扰，这种自发的注意力就会被强制打断。也就是说，女孩有进行探索的天生内驱力，这种自主感带来的内驱力会激发她们持续深入，但前提是这种自主感被保护好。

意大利教育家蒙台梭利也认为:“孩子的专注力不是被培养出来的，而是被保护出来的。”如果父母进行强行干预，女孩就会丧失这种原发的内驱力。只有给她保留属于自己的空间，才能促进这种内驱力的发展。

想要女孩在某件事上持续坚持，也需要调动她的注意力。一般来说，心理学家把注意分为被动注意和主动注意。被动注意是自然发生的，比如窗外突然有声响，女孩就会被吸引过去，而主动注意是需要自觉努力的，比如老师出了练习题，女孩需要坐在教室里专注地完成。

1 岁以内的婴幼儿基本上只有被动注意的能力；1~3 岁时，才会出现主动注意；4~5 岁，主动注意得到进一步发展。在整个学龄前期，女孩的主动注意力普遍低下，很容易被其他事情吸引注意力，无法长时间专注。

在心理学上好奇和兴趣是不一样的，女孩因为好奇心而去探索，当找到了答案可能就会停止，然后去探索下一个目标。兴趣则是发自内心的喜爱，一件事无论要重复多少次，女孩可能依旧会坚持下去。所以有时的“三分钟热度”只是一时的好奇心驱使，父母不需要太过于担心和干预，父母要着重培养女孩对事物的长久兴趣。

专家教你这样做

设置小目标

合理的小目标可以帮女孩坚持下去，根据女孩学习内容与实际情况，给她建立合理的小目标。比如，女孩刚开始学小提琴，可以制定每天练习 10 分钟或者 15 分钟的小目标。刚开始时间不用太长，如果女孩练习超时了，不必太着急，可以多鼓励女孩，再慢慢增加练习时间。

用游戏的方式延长专注力

延长专注力也可以通过吸引注意力的方式来实现。比如，用游戏的方式，如果女孩喜欢画画，但每次只能画几分钟，父母就可以多给女孩准备一些漂亮的画画材料，引导她在这件事上多花一些时间。父母也可以陪着女孩一起画，比比谁画得更像。

把女孩的学习成果可视化

父母可以把女孩的学习成果展示出来，把她在学习上的进步用可以看见的形式记录下来，让她看见自己的成长，增强继续努力的自信心。比如，女孩报了游泳的兴趣班，父母可以用照片、视频把女孩学会憋气、学会各种动作记录下来，每隔一段时间给她看看自己的进步，让女孩体验到成功带来的满足感。

设定让人快乐的学习目标

教育学家霍华德·加德纳曾经提出一个“多元智能理论”，这个理论指出，任何人都有自己喜欢的学习方式。对于女孩来说也一样，如果她是一个积极的学习者，她可能更喜欢“蒙特梭利式”的教学，即通过“玩具”学习，而不是通过传统方式学习。比如，有的女孩通过用图片的形象思维方式来学习更积极，有的女孩通过抽象的方式学习更容易理解知识。

3. 为什么不喜欢阅读

有些父母为了让孩子看书，不管是电子书还是纸质书，都花很多钱去购买，就为了让孩子养成读书的习惯。但是孩子仍旧不喜欢

阅读，每次看书的时候都要父母花式哄劝，阅读兴趣一点儿都没有提高。

孩子的阅读敏感期和语言敏感期是重叠的，一般阅读敏感期是在 2~6 岁，而且不论男孩还是女孩，都会以自己特有的方式表现出对阅读的兴趣。

当女孩用自己的方式阅读时，父母不了解或不理解这样的方式，会对女孩的阅读制造障碍，会让女孩表现出强烈的叛逆反应。如果父母想要知道女孩为什么对阅读缺乏兴趣，想要从小培养女孩良好的阅读习惯，就要读懂她背后隐藏的心理。

思维导图解读女孩心理

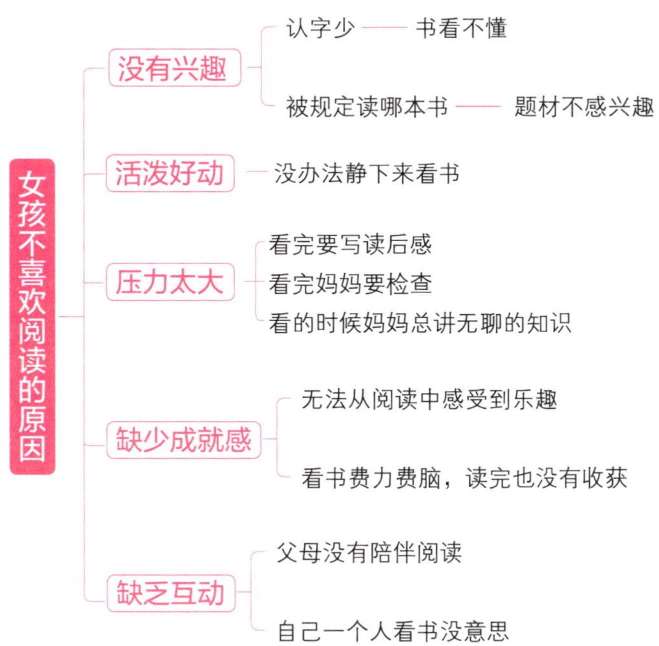

在大脑中，杏仁核负责情绪，海马体负责记忆，两者的位置非常近，而且都属于边缘系统，因此越是能激起情绪反应的事，越会记忆深刻。当父母陪女孩读书时，她不一定能记住书上的具体内容和父母说过的话，但一定会记住父母严厉的态度，记住当时那个让她害怕、反感的场景。

父母强行逼迫女孩读书的行为，其实是在无形中给她制造压力和负面情绪，当女孩把负面的感受和情绪与阅读这件事联系在起来，形成习惯记忆后，要让她再喜欢阅读就很难了。

很多父母认为阅读跟学习一样，必须有收获并有意义。所以会给女孩布置特定的阅读任务，给她特定的书单，让她看完书之后必须有所理解。实际上阅读对于低龄阶段的女孩来说，也可以是一件有趣的事情，如果想要让她养成阅读的习惯，就需要不苛求、自然、舒适的方式。

有教育专家认为，孩子的读写能力是自然发展出来的，在一个丰富的文字语言环境中，她自然就会读写文字。在女孩眼里，文字并不是严肃、正式的东西，如果她用自然的方式接触到文字，她就会像学走路、学骑自行车一样，很自然地学会认字和阅读。

而且女孩喜不喜欢阅读，受家庭环境的影响很大。有研究发现，家庭阅读经验在儿童语言和读写能力中处于中心地位，特别是在幼儿时期。在家庭中，如果父母和其他家庭成员都喜爱读书，图书在家中随处可见，随手可得，这样的家庭肯定能促进女孩阅读能力的发展和提高。

专家教你这样做

接纳女孩的阅读习惯

父母没必要把自己的阅读习惯强加在女孩的身上，可以试着接纳女孩喜欢的阅读方式。要创造轻松愉悦的阅读氛围，尊重女孩的想法，让孩子自主选择，父母只从旁陪伴、协助即可。如果女孩不想看了也没关系，可以晚一点再读。只要女孩开始享受阅读这件事情，就可以不拘泥于阅读的形式和时间。女孩不愿意自己阅读的时候，父母可以与孩子进行互动，并念给她听，在亲子互动中，培养女孩的阅读兴趣。

让女孩读自己喜欢的书

父母给女孩选书时，可以选她感兴趣的书。比如女孩喜欢小动物，就可以找相关的绘本或者童话书。

在选择书的方面，父母要做取舍，并且告诉女孩哪些书适合她看，哪些不适合，而不是一味地放任或禁止她阅读课外书。

跟女孩边看边讨论

研究发现，对女孩最有益的阅读方式，不是“父母读，孩子听”，而是有提问、有讨论的互动式阅读。父母可以在读书的过程中随时跟女孩讨论书中的故事，找身边的例子，辅助她理解。

比如，讲绘本故事时，让女孩认识各种颜色，找各种形状，数一数画面上有几只小鸭子等等，在一问一答的过程中，丰富亲子之间的交流，让女孩不知不觉中，完成阅读过程，积累更多知识。

4. 为什么一考试就紧张

女孩上学之后，就会面临各种考试。有的女孩一听考试，哪怕是小测验，也会感到紧张、心烦，甚至心慌、焦虑。

离考试时间越近，就越容易出现紧张情绪，这是女孩的正常反应。而且有这种压力也不是坏事，适度的紧张可以调动人体的潜能，提高大脑的反应速度，促进女孩更好地应对各种问题。

但是过度的紧张，反而会对女孩的生活、学习和人际交往带来负面影响。如果父母想要把女孩面对考试时的紧张情绪控制在合理的范围内，就要分析造成她考试紧张的心理原因。

思维导图解读女孩心理

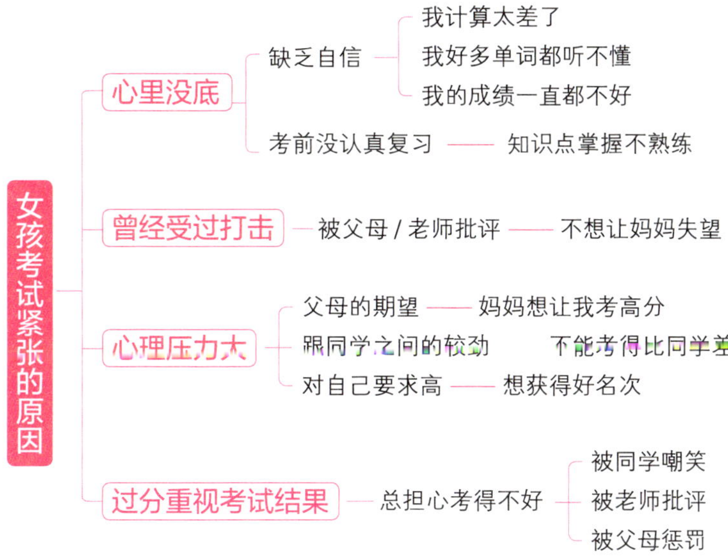

女孩由于心思细腻、共情能力强，很容易会被父母的情绪影响。可以说女孩的一部分紧张都是来自父母。因为父母过度在意孩子的成绩，女孩也会因此产生焦虑。此时，父母在无意当中便把负面紧张的情绪传递给了她。

《家庭心理学杂志》上有一份研究表明，孩子可以察觉到父母试图隐瞒下来的压力。研究小组发现，就算父母想尝试隐藏自己的压力，但这些压力仍然会传递给孩子。女孩会自己“捕捉”父母的情绪，只有当父母自己不紧张的时候，才不会给女孩带来额外的压力。

有的女孩太过于紧张，也是由于父母给的期望太高了。有心理研究表明，如果父母不考虑孩子的实际情况，对她提出的要求太高，超出了孩子的能力范围，孩子就会因此背上巨大的压力。因为担心考不好，不能达到父母的期望，考试前后就会患得患失。一旦考砸后，又会更加恐惧下一次考试。从而恶性循环，造成严重的考试焦虑。

而且正是因为来自学校和家庭对考试成绩的重视，导致女孩产生对考试错误的认知和评价。比如，认为一次考试，能影响老师与家长对自己的看法与评价，甚至影响到整个人生的命运，从而变得越来越恐惧考试，在考试之前也会变得越来越紧张。

有一个效应叫“瓦伦丁效应”，指的是人们为了达到某种目的，不专心做这件事情本身，反而一直思考失败带来的后果，从而患得患失。女孩正是因为太过于在意考试结果，才会在考试前不自主地紧张，成天都在思考考试失败的后果，以至于没有好好复习，最后真的考试发挥失常，然后因为失败的结果，导致考试前的紧张变成了改不掉的习惯。

当人脑中出现某一个图像，这个图像会像实际发生的事件一样刺激人的神经系统。当女孩反复告诉自己“不要紧张”时，神经系统就会出现“紧张”，于是就会越来越紧张。缓解紧张也是需要方法的，越在意反而会弄巧成拙。

专家教你这样做

考前带女孩适当运动

有研究人员发现，在经过半个小时的脚踏车锻炼后，被测试人员的压力水平下降了四分之一。运动能减少皮质醇的分泌，有助于缓解压力，特别是轻度运动，可以帮女孩释放负面情绪，做到考前的精神放松。

所以当女孩考前几天非常紧张的时候，父母可以带她出门运动放松一下。比如，可以让女孩约同学、朋友一起玩丢沙包、捉迷藏等游戏。

帮女孩巩固功课

如果女孩因为没有复习好而紧张，父母就可以提前帮助她复习功课。在父母知道女孩大致的考试时间时，可以提前一段时间给她制定复习计划，帮助她巩固考试要点，从而减轻女孩应对考试的压力。或者还可以制定一些小目标，当女孩完成小目标时，自信心也会增加，面对考试的紧张情绪就会缓解。

转移女孩的注意力

女孩因为考试紧张的时候，父母可以尽量转移女孩的注意力，让她暂时不要想任何跟考试和学习有关的事情。可以让女孩想一想自己崇拜的人，想一想考完试去哪里玩，想一想考完了要什么样的礼物等。只要是跟考试无关的内容，都可以想象，让女孩通过转移注意力暂时放松心情。

5. 为什么上课爱做小动作

总有些父母会收到老师的反馈，孩子在上课时总是走神，小动作也很多，静不下来心，一会翻翻文具盒，一会弄弄书本，就是不能专心听讲。

专注力，又叫注意力，指一个人专心做某件事、某个活动时的心理状态。俄罗斯教育家乌申斯基曾指出："'专注力'是我们心灵的唯一门户，意识中的一切，必然都要经过它才能进来。"当孩子拥有良好的专注力时，才能有效掌握课堂上的知识。

但对于低龄的女孩来说，专注力的稳定性其实较差。儿童的神经系统还处在生长发育期，一些机能还不完善。如果长时间做单调、枯燥的事，或者处于紧张状态，大脑就会疲惫，从而没办法保持专注力。

思维导图解读女孩心理

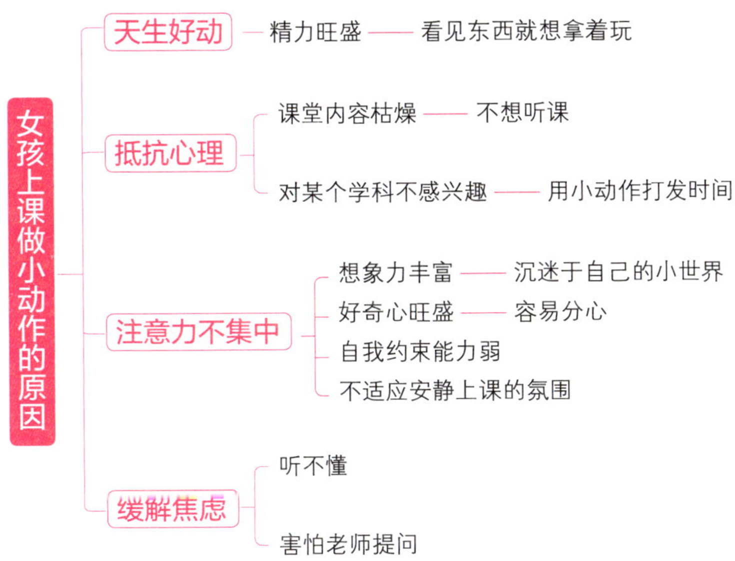

心理学家米哈里·契克森米哈赖提出了“精神熵理论”，“精神熵”指的是精神上的无序，会让人变得情绪烦躁、失去耐心，还会影响做事的效率。当女孩精神熵太高，就无法保持长久的专注力。

也就是说，影响女孩专注力的不是她的调皮和贪玩，而是她可能没办法控制好自己的思维和情绪，导致她在上课的时候频频做小动作，三心二意。

而且儿童的注意时长是有限的，一般而言，3 岁儿童的注意时长可以维持 3~5 分钟，4 岁约 8~12 分钟，5~6 岁约 10~18 分钟，7~10 岁约 15~25 分钟。如果超过注意的时长，儿童就会出现注意力不集中的现象。

据研究表明，人在专注于某种事物的时候，受该事物刺激的影响，会在大脑里形成一个优势兴奋中心，而优势兴奋中心的兴奋性越高，注意力也就越集中，这会让人对感知的事物印象深刻，也会学得快、记得牢。所以，除了受天生的大脑构造，或者成长发育的影响外，女孩的专注力高低，还与主动性和积极性有很大的关系。

比如，有妈妈说女孩的注意力不集中，但女孩在上自己喜欢的绘画课时，却比任何一个同学都要认真。显而易见的是，因为女孩喜欢画画。当她在做自己喜欢并且非常感兴趣的事情时，不需要别人催促和监督就能专注很久，这就是受驱动力和主动性的影响。当女孩失去主动性的时候，就会带入情绪，大脑的兴奋程度也会降低。这说明女孩可能不是专注力不行，而是用情绪在抵触上课这件事。

专家教你这样做

用“舒尔特方格法”提升女孩专注力

科学家们相信，可以通过不断训练来提升大脑对于专注力的运用。舒尔特方格法是目前公认最简单又有效的专注力训练法。可以手写或者打印出来一个方格纸，规格要五乘五，将 1~25 的数字打乱顺序填写在其中。再让女孩按照正常数字的顺序读出来，一边读一边用手指把数字找出来，然后父母记录下女孩所用的时间。利用这个方法反复练习，提升女孩的专注力。

帮助女孩专注于手中的事

当女孩一个人做事时，父母不要打断。要让女孩在玩耍和做事的过程中，发展自己的专注能力。如果女孩遇到了困难，父母可以适当提供帮助。比如女孩在玩积木，在她觉得没意思的时候可以给她递个方块，再没意思的时候还可以给她递个娃娃，也许她能自然地想到更多的玩法，女孩专注的时间也会更长。

创造一个有利于保持专注的环境

没有干扰的环境更有利于女孩保持专注，让她能在一段时间内用心做好一件事。比如女孩在家里上网课时，如果觉得电脑桌面上的应用程序会影响到她，就可以把它们藏在主屏幕以外的文件夹里；父母在辅导作业时，手机可能会响，就把它调成静音模式；书桌上也不要留太多无关紧要的东西，像玩具、玩偶、绘本等可以放到远离孩子视线的地方。

第6章 认识女孩的社交心理

1. 为什么不敢主动和小朋友玩

一群孩子在一起打打闹闹，玩得不亦乐乎，而角落里却有一个女孩默默地一个人玩。父母可能会担心，如果长时间这么下去，女孩可能会变得孤僻和内向，不善于交际，甚至出现社交恐惧症。

儿童社交恐惧症，指的是儿童对陌生环境和陌生人产生的焦虑、恐惧和回避行为。儿童会在陌生环境中表现为对自己的行动过分关注，常常会感到尴尬和害羞。甚至在进入新环境的时候，儿童会感到痛苦和不适，或者出现不说话、哭闹、退缩等现象。

父母可能会觉得女孩年龄小，不敢出去社交是正常的，只要她大一些就好了。但如果女孩是因为社交恐惧而产生的心理负担，这种负担并不会随着年龄的增长而减少。父母想要女孩变得敢于交朋友，就要了解女孩不敢主动的心理原因。

思维导图解读女孩心理

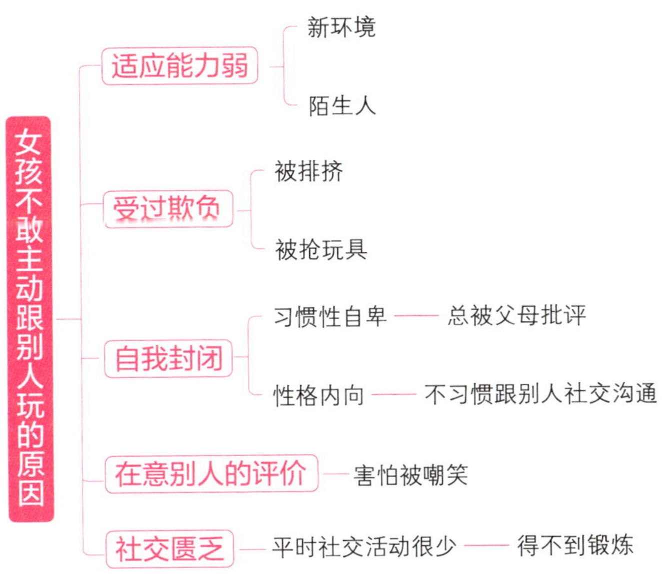

美国学者帕顿从儿童的社会行为发展的角度，将幼儿的游戏分为六个阶段，分别是无所用心的行为、旁观者行为、独自游戏、平行游戏、联合游戏以及合作游戏。其中独自游戏和平行游戏都在 4 岁前达到了巅峰。

在独自游戏阶段，幼儿经常会自己一个人在玩游戏、玩玩具，一般会选择跟别人不同的玩具，只专注于自己眼前的游戏，并不会关注别人在干什么，也很少跟别人进行交流。在平行游戏阶段，幼儿仍然在独自玩游戏，相比之前，此阶段的幼儿会挑选与周围同伴相似的玩具，但只是在同伴的旁边玩，并不是与同伴一起玩。也就是说，女孩在 4 岁前，她的游戏并不具备社会性。在此期间，女孩不跟别人玩、害怕跟别人玩，都是正常的现象。

除此之外，女孩不敢跟别的小朋友玩，还有可能是因为受家庭氛围的影响。比如，因为父母平时就很少外出社交，女孩也得不到锻炼，突然家里来客人的时候，就会表现得特别激动，甚至会做一些奇怪的举动来赢得别人的关注。

女孩如果从小就缺少跟其他孩子接触，社交的环境过于简单和狭窄。平时只跟家人相处，会导致女孩没有多少社交经验。一旦遇到很多孩子一起玩耍的场合，会很难适应并融入进去。

专家教你这样做

用玩具转移女孩的视线

父母可以鼓励女孩尝试用玩具作为媒介，融入群体当中。比如让女孩拿着她的芭比娃娃，跟别人分享。女孩的视角最开始会在玩具上，用玩具跟别人打开话题，慢慢地跟别人一起沟通交流后，就会把视角转向同伴。这时，就算女孩不拿玩具，也会轻易跟别人玩在一起了。

父母带女孩一起扩大社交圈

父母的社交圈也要跟女孩一起扩大，平时可以多带女孩参与相关社区或团体的活动。比如带女孩去参与一些公益活动，带女孩多跟外人接触。逢年过节的时候，多带女孩到亲朋好友家串门，让女孩走出家门，跟更多不同的人交流。

以兴趣为跳板，让女孩交朋友

父母可以多引导女孩发展自己的兴趣爱好，可以让女孩去参加相关培训，让女孩在发展兴趣爱好的过程中交到志同道合的朋友，给孩子的成长助力。比如，可以让她加入学校的乒乓球社团或绘画社团等，当她在这些社团中表现优秀时，会逐渐变得自信，同时也会交到很多有共同兴趣的好朋友，让她慢慢变得活泼开朗，越来越自信。

2. 为什么不敢拒绝朋友的请求

有些女孩性格温顺，看起来非常乖，别人说什么都照着做，不知道拒绝，父母很担心她们会吃亏。

从心理学的角度来看，这类孩子属于顺从型人格。这些孩子通常独立性差，在遇到事情时，会选择放弃自己的利益，总是不加辨别地接受别人的意见，按照别人的想法做事。

正是因为女孩对人际关系有很多不正确的认知，所以她会害怕冲突，想尽可能避免在人际交往中产生冲突，从而养成了不敢拒绝别人、讨好别人的习惯。

这样的女孩，也许在老师眼中，是不让人操心、不给人添麻烦的“乖乖女”；在朋友眼中，她善解人意、把周围的人照顾得很周全，让人感到愉快。但是对于她们来说，很可能会在这样的习惯下逐渐失去自我。父母如果想要让女孩学会拒绝，学会为自己考虑，就要分析她这样做的心理原因。

思维导图解读女孩心理

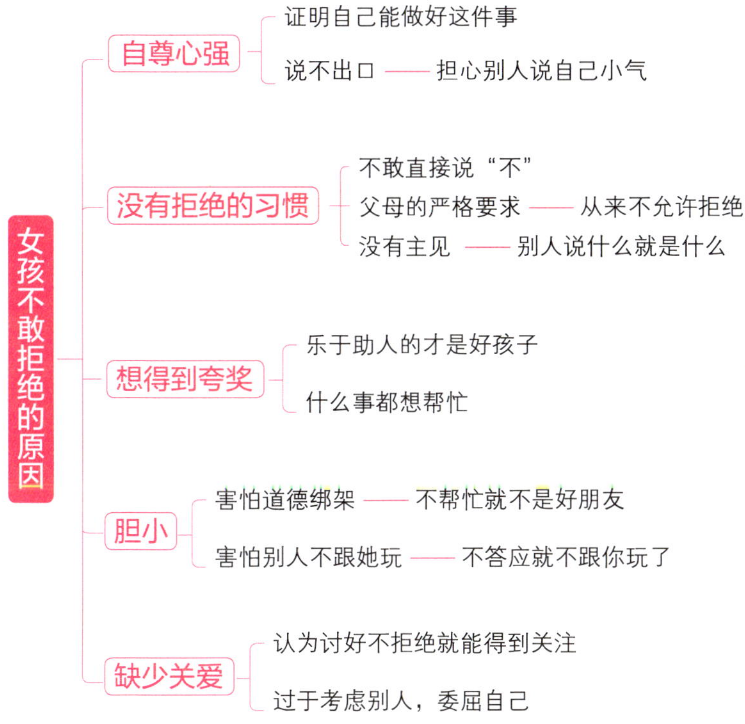

心理学上有个词叫“控制点”，是指人对影响自己命运的力量的看法。根据控制点的不同，可以把人分为“外控型”和“内控型”。外控者认为自己的人生不可控，命运都由运气等外部的因素决定，并且倾向于不对自己的人生负责，而内控者认为自己能掌控自己的人生，各种结果都取决于自身的投入与努力。

不敢拒绝别人，其实是内控的表现。女孩会因为内控，而把事情的坏结果都归咎于自身，认为是自己做得不够好，认为别人的不满都是因为自己的错误，所以不敢拒绝。

美国心理学家卡伦·霍妮就曾在她的著作《我们内心的冲突》当中写道：“讨好型人格对于温情和赞赏有着极度需求。他们太在意他人的评价，过于渴望得到他人的认可与关爱，所以常常会毫无底线地去付出，来追寻自己想要的。”

所以当女孩形成了“讨好型人格”后，拒绝别人成为一种禁忌，因为她觉得拒绝别人是一件很不好的事情，如果她拒绝了别人，自己的内心也会感到非常不安，对自己的拒绝感到煎熬。

过度压抑自己的真实需求和真实想法，就会让女孩很难表现真实的自己，自身优势也会被逐渐掩盖，甚至会在长大之后产生扭曲的心理。当女孩拥有了敢于拒绝别人的勇气，才能更善于思考，更加独立。

专家教你这样做

鼓励女孩表达自己的看法

美国心理学家马斯洛曾经说过：“安全感是一种从恐惧和焦虑当中所脱离出来的信心、安全和自由的感觉，所支撑起来的最核心的心理健康。”只有当女孩有安全感的时候，才会正视自己的想法。父母在平时可以尽可能减少对女孩的强制性命令，把女孩当成平等的人，允许她表达自己的意见，也允许她对父母做出的决定提出异议。当女孩拥有自己的发言权时，就能坚定自己的原则，拒绝别人的不合理要求。

教女孩为拒绝找理由

如果女孩不好意思直接拒绝，父母可以教她在拒绝的时候加上一个理由，这样既不会让对方伤心和难堪，还能让对方更容易接受自己的拒绝。比如其他小朋友向女孩借她心爱的文具，但是女孩不想借，就可以这样说："我用完后再借给你吧。""待会儿上课我还要用呢。"

教女孩用肢体语言表达拒绝

女孩有时可能就是开不了这个口，那可以直接用肢体语言来表达拒绝。而且肢体语言对于女孩来说简单明了，适合交流时使用，还能避免尴尬。比如，女孩不同意对方的请求时，可以轻轻摇一下头，或者摆摆手、皱一下眉头，表示拒绝。

3. 为什么不爱打招呼

见人先打招呼是一种基本的礼貌，尤其在父母带着孩子遇见熟人的时候，总想让孩子能大方自信地打招呼。但有的孩子始终不爱打招呼，父母觉得自己面子上过不去，也为他未来的人际交往担忧。

社交焦虑是一种常见的心理现象，这在女孩中较为常见。有些女孩在面对陌生人或者不熟悉的社交场景时，就可能会感到不安和紧张，还会担心自己的言谈举止是否得体，是否能被别人接受。也正是这种焦虑，会导致女孩在打招呼的时候，选择退缩或逃避。如果父母想让女孩改掉不爱打招呼的习惯，就要了解她背后的心理。

思维导图解读女孩心理

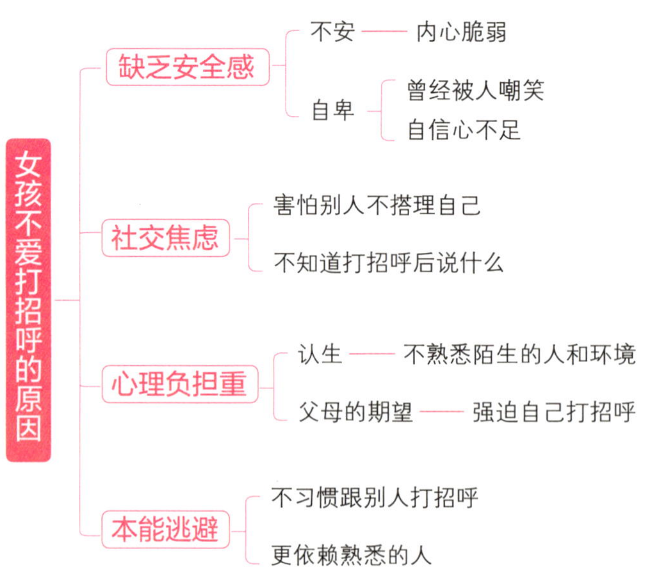

在女孩 3 岁之后，她的记忆力会得到很大发展，并且对整个社会和周边的环境有了一定的认知。女孩会清楚地分辨谁是家人、谁是朋友，她已经熟悉了周围亲近的人，如果这时候身边出现了陌生的人和事，她就会感到自己的舒适区被入侵了，需要建立新的认知，这种“打破又重建”的感觉，会让女孩感觉到恐惧。

就好像女孩本来说好要跟妈妈出去玩，结果在半路碰到不熟悉的人，妈妈还非要拉着女孩打招呼，就导致女孩内心的恐惧被放大。这说明女孩跟自己周围的人的连接在加深，她意识到自己的家人跟陌生人是不同的，这也是女孩警惕性高的一种表现。

曾有教育学家做过一个实验，该实验随机选取了 100 名 8 岁左右的孩子，让他们对陌生人打招呼，经过观察，这些孩子在跟陌生人打招呼的时候，会不自觉地后退。后来经过研究表明，10 岁以下的孩子的大脑在不断发育，当孩子在跟陌生人接触的时候，左脑会发出抗拒的信号，这种信号会让孩子不自主地做出保护动作，也就是后退。说明孩子在面对陌生人时，更倾向于“保持距离”，而不是“主动打招呼”。

而且有时候并不是女孩不爱打招呼，而是被贴上了标签。心理学上有一个“标签效应”，指的是当孩子被贴上了某种标签，他们的表现就会逐渐向标签靠近。比如女孩不想打招呼的时候，父母可能会下意识地说：“别见怪，孩子比较胆小。”“不好意思，孩子太内向了。”或者直接指责女孩：“你怎么这么不懂事，打招呼也不懂？”当女孩被这些标签贴久了，也就真的觉得自己胆小、怕生，反而越来越不想打招呼了。

专家教你这样做

在打招呼之前进行“预热”

在让女孩跟不熟悉的人打招呼之前，可以先给女孩“预热”一下，给她提前介绍一下要认识的是什么人，而不是突然把女孩领到一个人面前，让她去面对。比如，妈妈要带着女孩去见一位阿姨，就可以提前跟女孩说：“今天要见的阿姨是妈妈的好朋友，待会儿跟妈妈一起打个招呼好吗？”

先让女孩与自己喜欢的人打招呼

如果女孩确实很不喜欢打招呼，父母还仍然强制要求女孩，这只会让女孩更加抵触。父母可以从女孩身边熟悉的人开始，当女孩对某个人有特别的好感时，可以找机会让她跟这个人多接触，让她练习多跟这个人打招呼，逐渐适应这样的社交模式。

从说“再见”开始

有心理学家发现，女孩在见到陌生人感到焦虑的情况下，跟别人打招呼比跟别人说“再见”难多了。当女孩跟陌生人相处的时候，为了尽快结束，“再见”显然是她更想说的话。父母就可以利用这样的心理，女孩见到陌生人的时候可以不打招呼，但可以在分别时尝试说“再见”，从“再见”开始跟别人建立连接。

不用说话也能打招呼

如果女孩不好意思说话，也可以用她自己能接受的方式打招呼。比如笑一笑、点点头、摆摆手等。等女孩习惯跟别人打招呼了，就可以在下次引导女孩说一些简单的用语，比如“你好”“嗨”等。

4. 为什么喜欢炫耀

有些女孩得到新玩具之后，总爱跑到同学面前去炫耀，炫耀生日收到的礼物，炫耀新买的文具、裙子等。女孩这么爱跟别人炫耀，会不会变成一个爱慕虚荣的孩子？

心理学上有一种现象叫“孔雀心理”，是指孔雀为了向他人炫耀自己而打开美丽的尾羽。人们通常用“孔雀心理”来形容攀比心驱使下爱慕虚荣的心理。

根据相关研究数据显示，60% 左右的孩子都存在孔雀心理，只不过在程度上轻重有别。大部分女孩也是一样，虽然外在不会轻易表露出来，但会在心里暗暗较劲和攀比，尤其当听到有人夸赞别人的时候，女孩会出现情绪低落。女孩炫耀到底是好是坏？父母该怎么帮女孩调整心态？首先要找到这一现象背后的心理原因。

思维导图解读女孩心理

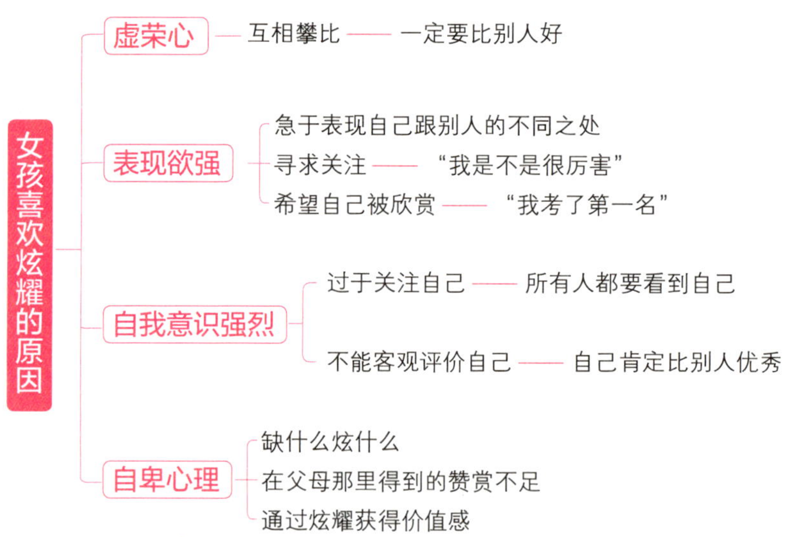

蒙台梭利曾经提出，3~6 岁是孩子的社交敏感期。在此期间，女孩的社交需求变得明显。她想要认识更多的朋友，渴望与朋友玩

要、分享和合作，希望获得更多同伴的认可。同伴的评价对她来说越来越重要，甚至比父母的评价更重要。女孩会把同伴的评价当成一面镜子，用这面镜子来对照自己，判断自己的好与坏。为了能在同伴面前表现自己，女孩会把炫耀当成是展现自己能力和价值的手段，以便获得同伴的认同。

其实，孩子喜欢炫耀，也是人类社交天性最初级的一种体现。在《人类简史》中有提到，人类和其他动物最不同的一点，就是特别喜欢浪费时间精力去做一些无聊八卦的事情，比如搜集信息，想知道别人身上发生了什么事；分享信息，告诉别人自己发生了什么事；传播信息，告诉别人另一个人身上发生的事情。

另外，有时候也不是女孩故意炫耀。因为女孩年纪比较小，表达方式比较直接，不懂得委婉。比如，收到生日礼物太高兴了，就忍不住对朋友说："看！这是我舅舅送我的芭比娃娃，她还会唱歌呢。"言语之间掩饰不住的兴奋，听起来就像炫耀。

所以，女孩显摆自己的东西，未必是真的很在意这些东西，而是想通过炫耀的方式来促进社交，增进跟小伙伴之间的友谊。

专家教你这样做

教女孩正确表现自己

父母要让女孩明白，表现自己的方式有很多种，不一定非得通过炫耀的方式，炫耀多了，也会引起别人的反感。可以鼓励女孩上课积极举手回答问题，或者在老师或者同学需要帮助的时候伸出援手。这样既帮助了别人，也表现了自己的能力，同样能收获别人的关注。

多提意见，少对比

有些父母误认为搬出“别人家的孩子”，就能激励女孩向他看齐，但得到的结果往往是相反的，会潜移默化地影响女孩的心理认知。一方面，女孩会因为父母提到的缺点感到自卑；另一方面，女孩为了维护自尊心，就会想要什么都争第一。

所以父母尽量减少踩一捧一，在面对孩子暴露出来的缺点时，可以尽量多提一些客观意见。同时避免浮夸和笼统的评价，多给具体的意见。

适当降低对女孩的要求

如果对女孩的要求过于苛刻和严格，可能会让女孩过于追求完美；从而给她一个错误的价值观，让她在这种追求中迷失了自己。

所以可以适当降低对女孩的要求，比如，在给女孩制定学习上，或者生活上的计划时，尽量循序渐进，暂时达不到也不必恼火，父母要相信女孩会发挥自己的自主性，顺利完成任务。

帮女孩把握表现的尺度

父母可以理解女孩想要表现自己，炫耀自己的心理，但要帮助她把握好尺度。比如，女孩带着自己的新玩具去跟同伴们炫耀，父母不必阻拦，但如果女孩开始因为自己有新玩具，而去贬低没有玩具的同伴时，就要及时阻止。告诉她玩具可以展示、分享，但要谦逊，不能看不起别人。

5. 为什么不愿意分享

“不行！”“这是我的！”“不许动我的东西”……分享玩具、零食，对学龄前的孩子来说相当不容易。他们会极力保护自己的物品，不让别人碰。

对于女孩来说，在低龄阶段，不愿意别人使用自己的物品，对自己的东西有很强的占有欲，这其实是非常正常的表现。但是如果占有欲爆棚，女孩过于自私的时候，父母就需要介入引导，并且需要了解女孩产生自私行为的心理原因，进行针对性教导。

思维导图解读女孩心理

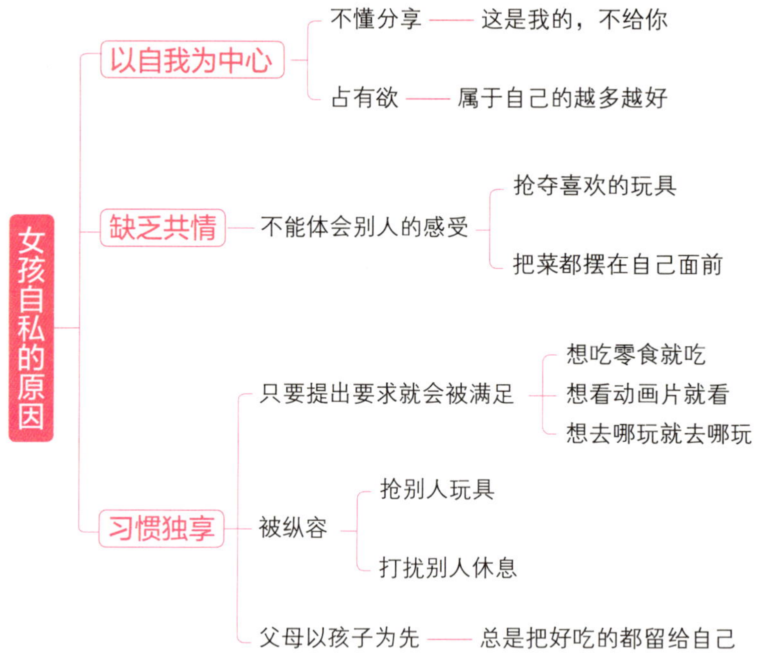

儿童心理学家皮亚杰设计了一个“三山实验”，在桌子上放置三座山的模型，三座山的大小、高低，以及摆放的位置都不同，且有明显的差异。实验时，先让一个三岁的幼儿坐在一边，然后将一个布娃娃放在幼儿对面。此时实验者让幼儿先观察这三座山，然后回答两个问题。第一个问题是：“你看到的三座山是什么样子？”第二个问题是：“娃娃看见的三座山是什么样子？”

而面对这两个问题，幼儿只能给出相同的答案，因为她只能从自身的角度看这三座山，不能从娃娃的角度出发。所以皮亚杰得出结论：儿童会以自我为中心。

在女孩 2~7 岁时，属于前运算阶段，这个阶段的认知以自我为中心为主，只从自己的观点看待世界，难以认识他人的观点，认为所有的人都有相同的感受。

女孩会把自己放在最重要的位置上，当女孩拒绝分享自己的东西时，并不是因为她不善良或者故意而为，而是她还在学习怎么理解别人的需求，学习从别人的角度看事情。在女孩的世界里，自己的感受和需要才是最容易理解的，其他人都要给自己让路，所以这样会让女孩看起来很自私。

父母如果看到女孩出现了“自私”的行为，最重要的是理解和接纳，这是她成长过程中自然的过程，然后再进行正确的引导，逐步培养女孩的同理心和相应的社交技能。

专家教你这样做

允许女孩支配自己的玩具

父母可以创造机会，多带女孩和小朋友一起玩，教会女孩“轮流玩”。外出的时候带一些玩具，让女孩在小朋友之间交换，但如果女孩不愿意分享，父母不要急着插手，跟女孩说完分享的好处后，也要尊重女孩的决定，给女孩十足的安全感。

积极回应女孩的分享

父母可以在日常生活中主动展现出分享的行为，女孩也会主动模仿。比如，在家里主动分享好吃的，主动让出遥控器等。如果女孩也开始主动分享，父母也可以积极回应，比如女孩主动把自己喜欢吃的小饼干让给了妈妈，妈妈可以当着她的面吃掉，并表现出满足和开心的样子。父母给予女孩正反馈，让女孩觉得分享是一件暖心或者有收获的事情。

陪女孩玩“分享游戏”

如果想要女孩懂得跟别人分享，父母除了要让她明白分享的好处，还可以跟她玩一玩“分享游戏”，让她体验跟别人分享的感觉。在女孩不愿意分享的时候，通过角色扮演的方式，父母假装把零食据为己有，不分享给女孩，让女孩说说自己这样被对待时心里的感受，激发女孩的同理心，告诉她过于自私也不好，然后再互相分享，让女孩感受分享也会很快乐。

只能适当满足女孩的要求

让女孩明白世界不是围着她一个人转的。当父母给女孩买东西的时候，一定要有所克制，只能适当满足女孩的要求。如果女孩看到什么，父母就毫不犹豫地给予，只会溺爱她，让她缺乏同理心。

参考文献

[1] 利云 . 父母的语言 [M] . 北京：中国商业出版社，2020.

[2] 卡尔 ·H.G. 威特 . 卡尔 · 威特的教育 [M]. 李萍，刘彦洁，译 . 哈尔滨：哈尔滨出版社，2009.

[3] 原田绫子 . 父母话术训练手册 [M]. 董然，管莹，译 . 北京：中国妇女出版社，2018.

[4] 托马斯 · 戈登 .P.E.T. 父母效能训练实践篇 [M]. 窦珺，译 . 北京：中国广播电视大学出版社，2015.

[5] 罗艳 . 非暴力沟通的父母语言 [M]. 北京：民主与建设出版社，2023.

[6] 贝姬 · 肯尼迪 . 看见孩子 [M]. 美同，译 . 北京：中信出版社，2023.

[7] 杰弗里 · 伯恩斯坦 . 叛逆不是孩子的错 [M]. 陶志琼，译 . 北京：机械工业出版社，2021.

[8] 帕蒂 · 惠芙乐 . 倾听孩子：第三版 [M]. 陈平俊，李美格，王懋云，等译 . 北京：北京大学出版社，2016.

[9] 孟昭兰 . 情绪心理学 [M]. 北京：北京大学出版社，2005.

[10] H. 鲁道夫 · 谢弗 . 儿童心理学：精装修订版 [M]. 王莉，译 . 北京：电子工业出版社，2016.